나는 군대에서
인생을 배웠다

나는 군대에서 인생을 배웠다

초판 1쇄 발행 2023년 9월 6일

지은이 고성균
펴낸이 박영미
펴낸곳 포르체

책임편집 김성아
편집팀장 임혜원 | **편집** 김다예
책임마케팅 김현중 | **마케팅** 김채원
디자인 황규성

출판신고 2020년 7월 20일 제2020-000103호
전화 02-6083-0128 | **팩스** 02-6008-0126
이메일 porchetogo@gmail.com
포스트 https://m.post.naver.com/porche_book
인스타그램 www.instagram.com/porche_book

ⓒ 고성균(저작권자와 맺은 특약에 따라 검인을 생략합니다.)
ISBN 979-11-92730-75-2 (03190)

여러분의 소중한 원고를 보내주세요.
porchetogo@gmail.com

나는 군대에서

버티면——이긴다

인생을 배웠다

고성균 지음

포르체

군대 이야기는 곧 나의 인생 이야기다

이웃집 아저씨의 인생 이야기

나는 생도 생활을 포함하여 38년 동안 군복을 입고 투스타 장성급 장교로 전역했다. 그리고 지금은 〈고성균의 장군! 명군!〉 유튜브 채널을 운영하는 크리에이터라는 독특한 이력을 갖게 되었다. 갑자기 유튜브에 장성급 장교가 등장했다는 사실에 놀라기도 하고 호기심을 갖는 사람들이 많았던 것 같다.

그럴 법도 한 것이, 장성급 장교라고 하면 범접할 수 없는 사람이라는 인식이 대부분이다. 군대를 다녀온 예비역들조차도 군 생활하면서 장군을 가까이서 볼 기회가 거의 없다. 그러다 보니 부대 실정을 잘 모를 것이라는 막연한 거리감과 군 조직의 철저한 위계질서로 인해 더 범접할 수 없는 존재로 느껴졌을 듯하다. 그런 가운데 장성 출신 유튜버가 등장했으니 낯설게만 느껴졌으리라고 생각한다.

유튜브에서 풀어 놓은 군대 이야기는 결국 나의 인생 이야기이기도 했다. 인생을 조금 더 살며 많은 우여곡절을 겪어 본 선배로서, 구독자들의 삶에 도움이 되길 바라는 작은 바람이 있었다. 다행히도 진심이 통했는지 많은 분들이 대단한 권력의 장군이 아니라 친근한 인생 선배로 여기며 귀를 기울여 주신 것 같다. 덕분에 인생 2막에 군 바깥에서 또 새로운 경험을 하며 많은 것을 배우고 시야를 넓힐 수 있었다.

짧지 않은 38년의 군 생활

나의 군 생활은 1982년에 소위로 임관한 후 경상북도를 담당하는 50사단 영덕 해안소초장을 맡으며 본격적으로 시작되었다. 이후 1년 뒤에는 중위로 진급하여 안동에 있는 연대의 작전장교로 보직되었다. 연대 작전장교는 연대의 핵심 직위로서 중대장을 마치고 능력이 검증된 대위가 보직되어 소령으로 진급하는 자리인데, 어쩌다 보니 막 중위를 달았던 내가 파격적으로 보직된 것이다. 군사 지식이나 경험이 부족한 상태였지만 그 기간은 평생의 군 생활을 잘할 수 있는 밑거름이 되었을 뿐 아니라 지금의 아내를 만나 결혼도 하게 된 소중한 기회였다.

1985년, 대위로 진급한 후 최전방 1사단 비무장지대 내 GP(Guard Post, 감시초소)와 수색 및 매복을 담당하는 전초중대장으로 보직되었다. 적이 바로 눈앞에 있고 중대원들이 매일 지뢰밭을 누비며 작전하기에 잠시도 방심할 수 없었다. 하지만 중대원들이 뜨거운 전우애로 똘똘 뭉쳐 주어진 임무를 충실히 수행한 덕분에 성공적으로 임무를 완수했던 뿌듯한 기간이었다.

1990년에는 소령 진급과 동시에 모교인 육군사관학교 훈육관으로 선발되었다. 육사 출신의 장교라면 누구나 원하는 보직으로, 운 좋게 기회가 주어졌다. 당시 나의 목표는 "나 때는 말이야~"를 달고 사는 꼰대 같은 훈육관이 아니라 "나 때도 그랬지."라며 생도들과 공감하는 훈육관이 되는 것이었다. 추후 장교가 될 생도들에게 필요한 역량을 이끌어 주는 훈육관이 되기 위해서 많은 노력을 기울였다.

훈육관 보직을 마칠 즈음에는 갑자기 육군본부 진급과로 명령이 났다. 진급과는 육군의 하사부터 장군까지 모든 진급심사 업무를 담당하는 부서다. 진급과에 근무하는 것 자체가 그야말로 선망의 대상이었지만 더불어 올바른 도덕성 등 훌륭한 인품을 요하는 곳이다. 중대한 직책이지만 부담감도 컸다. 본디 진급이라는 것은 되는 사람보다 안 되는 사람이 훨씬 많다. 그래서 진급 심사가 끝나면 "일찍 핀 꽃도 아름답지만 늦게 핀 꽃이 더 아름답다."라고 전하곤 했다.

진급과에서 중령으로 진급한 후 11사단에서 대대장(임기 33개월)을 맡았다. 대대장은 우스갯소리로 '집행유예 33개월에 벌금 2,000만 원'이라는 말이 나올 만큼 힘든 보직이다. 하지만 500여 명의 대대원 이름을 모두 암기하고 소통하면서 전우들과 혼연일체가 되었고, 그 결과 아주 강한 부대를 만들 수 있었다.

대대장 만료 후에는 육군대학에서 인사교관 임무를 수행하다가 과분하게 육본 인사참모부 인사기획장교로 발탁되었다. 이는 육군 인사 현행 업무와 미래 업무를 기획하고 조정, 통제하는 일을 하는 자리다. 그리고 연이어 육군의 대령 이하 장교, 부사관, 군무원의 보직과 교육 입교 및 파견 등을 최종 책임지는 인사운영실 인사운영 통제장교라는 막중한 자리에 올랐다. 이 두 보직 모두 당시 '육군 인사분야 중령 보직 중 Big 3'라고 불릴 만큼 한 번 보직하기도 힘든 자리였는데 관운이 좋아 2가지나 경험할 수 있었다.

인사운영통제장교 직책에서 대령으로 진급 후에는 수도군단 인사참모를 거쳐 17사단에서 연대장을 마쳤고,

우여곡절 끝에 육본 인사근무과장에 보직되었다. 인사근무과장은 병영생활, 복제, 사고예방, 각종 행사 등을 책임지는 부서인데 육사 출신 과장이 한 번도 장군으로 진급된 적이 없었다. 그런데 그 자리에서 내가 처음으로 장군 진급을 하게 되었다.

장군 진급 후, 진급심사 업무를 담당하는 진급과와 장군인사과를 관장하는, 인사선발센터의 장인 선발관리실장으로 보직되어 육군의 미래를 이끌고 나갈 인재를 선발하는 데 최선을 다했다. 선발관리실장은 자칫 잘못하면 '자기 계파'를 만들 수 있다는 우려 때문에 통상 1년만 보직하는데 나는 2년을 근무하게 됐다.

그 이후에는 육군사관학교 생도들의 리더십, 훈육, 군사학, 체육 등을 책임지는 자리이자 육사 출신 장군진급자가 가장 가고 싶어 하는 육군사관학교 생도대장을 맡았다. 두 번째 육사 근무이자 영광스러운 직책이었다. 그 자리에서 소장으로 진급하여 광주와 전남의 향토방위를 책임지는 제31보병사단장으로 부임해 여수엑스포, 나로호 발사 등 국가적 행사가 차질 없이 진행되도록 하였다. 이후 2작전사령부 참모장을 거쳐 육군훈련소장으로 보직되었으나 5주 만에 뜻하지 않게 육군사관학교장으로 가게 되었고, 이후 교육사령부 교훈부장을 마지막으로 군 생활을 마쳤다.

나의 군 생활을 지탱한 3가지

군대를 아는 사람이라면 내 경력을 보고 흔히 이야기하는 요직에 많이 근무했다는 사실을 알 수 있을 것이다. 어느 조직에서나 인정받고 살아남으려면 실력이 있어야 한다. 남들이 갖고 있지 않은 나만의 대체 불가한 능력이 필요하다. 또 군이든 사회생활이든 주어진 임무에 몰입하는 태도도 굉장히 중요하다고 본다.

무엇보다 나의 군 생활을 지탱해 준 힘은 책임감, 도덕적 용기, 그리고 소통에서 비롯되었다. 한 번은 인접 중대장을 대신해 사고가 난 비무장지대 지뢰밭에 들어간 일이 있었다. 당시 결혼하여 아이까지 있었지만 그 순간은 오로지 군인으로서의 책임감만이 작용했다. 장군이 되어서 전역할 때까지 어떤 임무가 주어지더라도 항상 '이 일은 내가 아니면 그 누구도 할 수 없다'라는 책임감을 바탕으로 임했고, 덕분에 상·하급자로부터 많은 신뢰를 받았던 것 같다.

도덕적 용기는 설령 내게 불리한 결과를 낳을지라도 도덕적 기준에 따라 말하고 행동하는 용기를 말한다. 때때로 법과 규정에 위배되는 지시가 주어지면 반드시 상급자에게 잘못된 사항을 말하며 바로잡고자 노력했다. 또 말단 부대의 현실을 몰라 탁상공론식으로 내려오는 지시에 대해서도 재고토록 했다. 상급자들은 처음에는 이를 불편하게 여겼지만 나중에는 오히려 중요한 보직에 나를 찾는 경우가 많았다.

책임감과 도덕적 용기가 있더라도 혼자서만 갖고 있으면 조직에는 도움이 되지 않는다. 임무에 대한 신념을 상관이나 동료, 부하들도 함께 이해해야 성과로 이어진다. 그러기 위해서는 단순한 대화가 아니라 서로 공감하고 신뢰할 수 있는 진정한 소통이 중요하다.

어느 사회에서나 상하 소통은 대단히 어렵다. 특히 명령과 복종이 기본인 군대는 철저하게 계급에 의해 움직이는 조직이다. 나의 생도 때 메모장을 보면 "하급자의 건의 사항이 확실히 전달되고 있는가 확인하라.", "하급자의 의견을 무시하지 말라." 등의 내용이 적혀 있다. 생도 시절부터 하의상달(下意上達)이 어렵다는 사실을 직접 느꼈던 것이다. 그래서 군 생활하는 동안에도 일방적으로 훈수를 두기보다 항상 부하들과 공감할 수 있는 주제를 찾아 대화하려고 노력했다. 당시 사단장으로서 병사들이 가장 좋아하는 소녀시대나 에프엑스를 알아야 한다고 생각해서 나름대로 열심히 노래를 듣고 외워보기도 했다. 아직도 외부 강의를 다니기 위해 블랙핑크나 뉴진스 같이 젊은 세대와 공감대를 형성할 수 있는 주제들을 연구하곤 한다.

최종적으로 내가 육사 교장을 맡게 되었던 것도 결국 이러한 책임감, 도덕적 용기, 소통 덕분이었다고 본다. 당시 어떤 사건으로 육군사관학교를 개혁할 적임자가 필요한 상황이었는데, 비록 소장이었지만 군 생활 동안 보여 준 믿을 만한 성품과 역량이 인정되어 육사교장에 보직될 수 있었다. 덕분에 나는 육군사관학교에서 훈육관, 생도대장, 학교장을 한 전무후무한 장교가 되었다.

2023년 8월

고성균

목차

장군의
올챙이 시절

첫 군복을 입은 생도의 일기장

1978년 1월 30일, 나는 육군사관학교(이하 육사)에 가입학을 했다. 가입학은 예비 사관생도들이 기초 체력과 정신력을 단련하고 올바른 국가관과 가치관을 정립하는 등 군인으로서의 기본 소양을 갖추는 기간이다. 정신적으로나 육체적으로나 무척 힘든 과정이다 보니 이 기간 동안 적응하지 못하고 탈락하는 경우도 있는데, 통과된 인원만 이후에 정식 생도가 된다.

생도 생활을 하는 동안에는 하루를 돌아보고 미래를 그리며 밤마다 생도일기를 쓴다. 가입학 첫날 밤에 썼던 생도일기에는 새로운 시작을 앞둔 설렘과 기대가 빼곡하게 담겨 있었다. 시간이 지나면서 수많은 고뇌와 갈등, 여러 번의 다짐도 스쳐 갔다. 쉽지 않은 육사 생도 생활 4년을 거쳐 마침내 장교가 되기까지 느낀 다양한 감정들이 모두 생도일기에 고스란히 담겨 있다. 그리고 내 생도

일기에는 어느 순간부터 견출지들이 빼곡하게 붙기 시작했다. 이 견출지들은 생도 시절을 잊고 꼰대가 되지 않기 위한 소중한 길잡이들이다.

꼰대가 무엇인가? '자신의 구태의연한 사고방식을 타인에게 강요하는 사람'을 흔히 '꼰대'라고 한다. 최근 몇 년 사이에 꼰대라는 말이 점점 흔하게 쓰이기 시작하더니, 심지어 2019년 영국 공영방송사 BBC에서 꼰대를 오늘의 단어로 소개하기도 했다. 주변에 꼰대를 좋아하는 사람은 없을 것이다. 그런데 나 역시 누군가에게 꼰대가 될 수 있다는 사실을 기억해야 한다. 세대가 바뀌어도 꼰대가 없어지지 않고 계속 생기는 이유는 우리가 그 사실을 종종 잊기 때문이다.

보통은 육사 출신이라고 해도 모교인 육사에서 근무하지 못하는 경우가 많은데, 나는 운 좋게도 육사에서 훈육관, 생도대장, 교장을 모두 경험한 유일한 장교가 됐다. 육사에서 세 번을 근무한 덕분에 많은 후배 장교들과 인연을 맺을 수 있었고, 기수 차이와 별개로 지금까지 소통하고 있는 후배들이 많다. 그 비결은 육사에서 근무할 때는 물론 군 생활 동안 꼰대가 되지 않기 위해서 의식적으로 노력해 온 것이 그 비결이라고 생각한다. 나는 육사에서 근무하는 동안 생도일기를 자주 들여다보면서 후배 생도들과 공유하고 싶은 부분을 견출지로 꼼꼼히 표시했다. 생도일기는 나의 올챙이 적 시절을 생생히 떠올리게 해 주는 매개체이자 후배들과 공감할 수 있는 소통 창구이기도 했다.

어떤 교육에서든 제일 중요한 것은 일방적인 훈육이 아니라 '어! 나랑 똑같네' 하고 공감할 수 있는 지점이라고 생각한다. 생도들의 일과나 생활 내용이 과거 나의 생도 시절이나 내가 장교로 근무할 때와 크게 다르지 않았기 때문에 더욱 공감할 수 있는 점이 많았다. 정신교육이나 축제 등을 직접 주관할 때면 생도들에게 해 주고 싶은 말을 생도일기 안에서 찾았다. 과거의 내가 생도대장으로부터 듣고 싶었던 말이 무엇인지, 어떤 말을 듣고 어떻게 느꼈는지를 돌이켜보는 것이다. 실제로 생도일기장을 들고 강당에 가서 그날 주제와 관련된 내용을 읽어 주거나, 임의로 생도를 지정하여 읽어 보게 하기도 했다.

처음부터 결점이 없는 완벽한 군인인 것처럼 보이려고 하면서 "똑바로 해라!" 하는 식의 훈육을 했다면 많은 시행착오를 겪고 있는 생도들에게 크게 와닿지 않을 수 있다. 그러나 나도 똑같이 실수하고 고민하며 성장했다고 솔직하게 이야기를 전했기 때문에, 생도들이 내 이야기에 공감하고 지금까지 소통할 수 있는 것이 아닐까 감히 생각해 본다. 나의 생도일기는 생도들에게 훈육에 대한 신뢰를 주는 중요한 기록이 되었던 셈이다.

생도일기를 가지고 있지 않았거나, 가지고 있더라도 펼쳐 보지 않았더라면 나 역시 올챙이 시절 생각하지 못하고 "라떼는 말이야"를 입에 달고 사는 꼰대가 되었을지도 모른다. 생도일기 덕분에 다행히 후배 생도들의 감정과 고민에 공감하며 육사에서 좋은 추억을 남길 수 있었다고 생각한다.

지금 사회 곳곳에서는 상대적으로 갑의 위치에 있는 사람들이 자신만의 기준과 가치관에 갇혀 행동할 때가 있다. 하지만 사람을 대할 때는 항상 역지사지의 자세로 진심을 담아 상대방의 처지를 공감하며 소통하려 노력할 필요가 있다. 처음부터 완벽한 사람이 어디 있겠는가. 누구에게나 처음이 있고, 시행착오를 겪으며 앞으로 나아가기 마련이다. 이를 존중하지 않고 개인의 사고방식을 강요하는 꼰대가 되기보다는, 자신만의 생도일기를 펼쳐 보며 상대방을 공감하는 것부터 시작하는 것이 어떨까.

퇴교 위기의 후배 생도를 구하라

생도 2학년 시절, 오전 강의가 끝난 어느 오후였다. 점심을 먹으러 식당에 가려고 복장을 정리하고 있는데, 우리 분대의 1학년 모 생도가 노크하고 들어왔다. 참고로 육사의 생도 분대는 4학년 분대장 1명, 3학년 부분대장 1명, 2학년 2~3명, 1학년 2~3명으로 편성되어 있었다.

"모 생도, 2학년 선임생도에게 용무 있어 왔습니다!"
"그래, 무슨 일인데?"
"저, 그게 말입니다…… 그게…….."

씩씩하게 들어오기는 했는데 막상 용무를 말하려니 입이 떨어지지 않는 모양이었다. 한참을 우물거리던 1학년 생도가 겨우 어렵게 말을 꺼냈다. 그 내용을 들어 보니 나까지 덩달아 말문이 막혔다.

"오전에 모 영어 교수님에게 예습 상태 불량으로 지적
을 받았습니다!"

당시 영어 교재에는 각 챕터 마지막 부분에 'review'라
고 해서 미리 예습해야 하는 문제가 있었다. 모 생도가
딱 한 문제를 못 풀고 갔는데, 하필이면 영어 교수님이
그 문제를 콕 짚어 물어보시는 바람에 대답하지 못했다
고 한다.

육사 다닐 당시에 정말 무섭기로 소문난 세 분의 교
수님 중 한 분이 바로 대령이신 영어 교수님이었다. 바
로 그 영어 교수님이 1학년 생도의 예습 불량을 지적하
며 오후에 2학년 선임은 물론이고 부분대장, 분대장, 소
대장, 중대장 생도를 포함해 장교 소령이신 중대 훈육관
까지 전부 연구실로 출두하라고 지시하셨다는 것이었다.
그야말로 정신이 혼미해질 만큼 엄청난 사건이었다. 하
급 생도의 잘못을 4학년 분대장 생도가 알게 되는 것도
무서운데, 심지어 훈육관님까지 책임지게 된 셈이었다.
모르긴 몰라도 아마 육사 개교 이래 초유의 사태였을 것
이다. 일단 3학년 부분대장 생도를 통해 훈육관님에게까
지 신속하게 상황을 보고했다.

점심을 먹으러 가기는 했지만 교수님의 연구실로 출
두해야 한다는 생각에 다들 밥이 입으로 넘어가는지 코

로 넘어가는지 몰랐을 것이다. 어느덧 훈육관님의 인솔하에 모두 긴장된 얼굴로 교수님 연구실 앞에 섰다. 훈육관님이 심호흡을 한번 하고 문을 노크하자, 안에서 "들어와!" 하는 무시무시한 목소리가 들렸다. 도살장에 끌려온 소의 심정으로 교수님 앞에 훈육관님 이하 모 생도까지 7명이 나란히 섰다.

"홍 소령! 훈육관은 생도들 훈육을 어떻게 하길래 1학년 생도가 예습도 제대로 하지 않고 오나! 상급 생도들도 하급 생도에게 관심이 있는 거냐, 없는 거냐!"

역시나 호랑이 같은 교수님이 무섭게 야단을 치셨다. 한참 혼이 나고 기가 죽은 채로 연구실을 빠져나왔는데 문제는 이게 끝이 아니었다. 교수님께 잔뜩 혼나고 한 달이 지나, 기말고사를 열흘 정도 앞둔 시점이었다. 분대장 생도가 2, 3학년 분대원들을 모아 1학년 모 생도가 영어 점수가 좋지 않아 기말고사를 통과하려면 85점 이상을 맞아야 한다는 이야기를 전했다. 이전에 치렀던 중간고사와 매일 보는 일일고사 점수가 낮아서 기말고사 커트라인이 높아졌다는 뜻이었다. 개인의 시험 점수에 대해서 모두가 모여 심각하게 대책 논의를 하는 이유는 학기 최종 성적이 좋지 않으면 육사에서 퇴교당할 확률이 높기 때문이다.

"퇴교만은 막아야 할 것 아닌가? 누가 모 생도에게 영어
좀 가르쳐라!"

누가 이 막중한 임무를 맡을 것인가? 아무나 좀 가르치
라고 했지만, 얼떨결에 2학년 선임인 내가 모 생도의 영
어 과외를 맡게 됐다. 2학년 생도가 2명인데 그중 내가
교번이 조금 빨라 선임이었기 때문이다.

당시 생도들은 대략 저녁 7시 반부터 9시까지 자습을
하고, 밤 10시가 되면 취침하거나 '중대홀'이라는 공유
공간에서 12시까지 공부할 수 있었다. 12시가 되면 중대
홀도 불이 꺼지는데, 새벽 4시부터 6시까지 다시 이용이
가능했다. 10시부터 12시까지는 내 공부를 해야 하니 모
생도에게 4시 반에 나를 깨워 같이 중대홀에 가자고 당
부해 두었다. 다음날 아침에 눈을 뜨니 이상하게 개운하
고, 귓가에는 평소처럼 기상나팔 소리가 들려왔다. 모 생
도가 새벽에 일어나지 못했던 것이다. 다음 날은 내가 먼
저 일어나서 모 생도를 깨웠고, 그날부터 열흘 정도 매일
새벽에 중대홀에서 족집게 속성 과외를 진행했다.

눈 깜짝할 사이에 기말고사 기간이 되었고, 1학년 영어 기말고사는 점심 식사 직전인 오전 4교시였다. 시험을 마치고 식당에 온 분대 2, 3학년 생도들은 배식을 받은 채로 식당 출입구를 걱정스럽게 바라보고 있었다. 분대에서 제일 높은 4학년 생도가 와서 수저를 들어야 다같이 식사할 수 있다는 규칙이 있는데, 분대장 생도가 아직 도착하지 않은 것이다. 분대장 생도는 1학년 모 생도의 영어 성적을 확인하기 위해 본인 시험이 끝나고 급히 교수님 연구실에 갔다. 다같이 긴장한 채 분대장 생도가 들고 올 소식을 기다렸지만 단연 내 가슴이 가장 쿵덕거렸을 것이다. 만약 모 생도가 성적 불량으로 최종 퇴교가 된다면 나 역시 학습 지도에 대한 임무 수행을 제대로 못해냈다는 일말의 책임이 있기 때문이다.

마침내 분대장 생도가 모자를 벗고 이마에 맺힌 땀을 훔치며 식당으로 들어왔고, 그 뒤를 1학년 모 생도가 긴장된 표정으로 따라오고 있었다. 다음 학기에도 모 생도를 볼 수 있을지 선고되는 운명의 시간이었다. 분대장 생도는 드디어 식탁 의자에 앉아 입을 열었다.

"밥 먹자! 모 생도가 85점을 따야 하는데, 86점으로 통과했다!"

극적인 소식에 모두가 박수를 쳤고, 나도 안도의 한숨을 길게 내쉬었다. 그렇게 기말시험을 무사히 마치고 모두 즐거운 마음으로 휴가를 떠날 수 있었다. 그 1학년 생도가 시험에 통과하지 못했다면 내 마음이 아직까지도 편치 않았을 테니 참 다행스러운 일이다. 남에게 도움을 주는 일이 결국 나에게도 기분 좋은 결과로 돌아왔던 셈이다. 이후 모 생도는 임관 후 훌륭한 장교가 되어 장군으로 전역했다. 이 정도면 그가 육사 퇴교 위기에서 무사히 벗어나는 데 조금이나마 기여했다는 사실을 뿌듯하게 여겨도 되지 않을까?

생도대장이
앙코르 곡을 부른 이유

학교나 직장 등에서 어떤 행사가 진행된다고 하면 반갑고 좋다기보다는 번거롭고 피곤하게 느껴졌던 경험이 있을 것이다. 학교에서 아침 조회를 할 때도 오로지 교장 선생님의 훈화 말씀이 빨리 끝나기만을 간절히 기다리는데, 높은 분들이 참석하는 행사에서 평소 같지 않게 격식을 차리고 준비하려니 오죽 힘들 것인가.

사단장 시절에 지자체 주관 주민 행사에 가면 항상 내빈 소개 순서가 있었다. 지자체장부터 여러 국회의원, 시군구의회의원 등의 이름을 일일이 부르며 참석 여부를 알리는 것이다. 물론 그 내빈에 사단장도 포함되니 할 말이 없지만, 이 과정에 제법 많은 시간이 소요된다. 심지어 소개로 끝나지 않고 축사라는 더 큰 시련이 이어진다. 참석한 내빈들은 대부분 축사를 마치고 나면 조용히 사라져 버린다. 이 과정이 전체 행사 시간에서 절반 이상을 차지한다.

원래 이 행사가 열리는 이유이자 주인공은 바로 주민들이다. 하지만 이들은 대부분 뜨거운 햇볕 아래에서, 아니면 차가운 칼바람을 맞으며 내빈 소개와 축사를 듣고 있어야 한다. 높으신 분들 위주로 행사를 진행하다 보면 나이 많은 주민들도 뒷전이 되는 주객전도 현상이 일어나게 되는 것이다.

사실 내가 생도 시절부터 항상 이상하게 여겼던 것들이 몇 가지 있다. 요즘에는 과거와 많이 달라졌지만 당시 생도들은 공연에 대한 박수에 비교적 인색한 편이었다. 국내 최고 인기 가수들의 공연이 종종 있었는데도 다들 마음과는 달리 몸이 경직된 채 박수를 잘 치지 않았다. 아마 공연 시작 전에 상급 생도로부터 공연 중 관람 군기를 잘 유지하라는 당부가 있었기 때문일 것이다.

봄에는 넓은 잔디밭에서 생도와 파트너 등 2,500여 명이 참석하는 생도의 날 축제가 진행된다. 여기에 학교장 이하 장교들이 부부 동반으로 참석하는데, 이분들은 케이크 커팅식이 끝나면 이후 행사에는 동참하지 않고 끝날 때까지 근엄하게 지켜보다가 돌아간다. 임석상관(의식에 참여하는 사람 중 직책·직급이 가장 높은 사람)으로 참석하는 학교장이나 생도대장의 존재는 행사에 기여한다기보다도 생도들이 마음 놓고 행사를 즐기는 데 있어 방해요소에 가깝다고 볼 수 있다.

물론 장교는 항상 자기 감정을 다스리고 엄정한 모습을 보여야 한다는 인식이 있긴 하지만, 생도들을 위한 행사에서도 그런 경직된 모습을 보이는 것이 조금 이상하게 여겨졌다. 임관 이후에도 위문열차나 각종 공연에 참석한 장교들을 보면 그 행사에 동화되어 함께 즐기기보다 근엄한 모습을 보이는 경우가 많았다. 물론 그게 행사의 취지에 맞는지는 사람마다 생각의 차이가 있겠지만 때로는 오히려 그 분위기에 동화되는 것이 상하동욕자승(上下同慾者勝)을 실천하는 길이 아닐까 한다.

시간이 흘러 내가 생도대장으로 근무하던 중, 참모가 생도의 날 행사와 관련된 내용을 보고했다. 생도의 날 축제 전날에는 생도대장이 주관하는 전야제가 열린다. 행사의 주인공인 생도들을 위해 무엇을 해야 할지를 잠시 고민하다가, 지나가듯 참모에게 전야제 때 무대 위에서 공연한 생도대장이 있었는지 물었다. 참모는 본인 생도 때부터 생도대장이 무대에서 공연하는 것은 본 적이 없고, 전년도에 생도대장이 시상식을 하러 무대에 올랐다가 생도들의 "노래해, 노래해!"라는 구호에 마지못해 한 곡을 부른 적은 있다고 말했다. 그러면서 혹시 이번 행사에 노래라도 부를 것이냐고 묻길래, "노래할 줄도 모르고 그럴 마음도 전혀 없다."라고 얼른 정색을 했다.

그날 전속부관은 바로 퇴근토록 하고, 몰래 군악대 담당관을 만나 내 계획을 털어놓았다. 생도의 날 전야제 때 노래 두 곡을 부르려고 하는데, 한 곡은 정했으니 신나는 노래로 한 곡을 선곡해 달라고 하자 담당관이 심신의 〈오직 하나뿐인 그대〉를 추천했다. 아니, 당시가 2010년인데 1990년대 노래를 부르면 생도들이 알 리가 없지 않은가? 그래서 다른 곡을 추천해 달라고 했더니 담당관이 자신 있게 말했다.

"아닙니다. 요즘 그 노래가 노래방에서 인기 순위 4위 안에 들어가는 등 생도들이 잘 아는 노래입니다."

그 말에 일단 악보를 얻어서 공관으로 복귀해 노래 연습을 했다. 그런데 템포도 빠른 데다 엇박자로 시작하는 노래라서 영 쉽지가 않았다. 다음 날에도 퇴근길에 군악대에 들러 연습했지만 여전히 몸과 마음이 따로 놀았다. 3일차 되는 날에 아무래도 안 되겠다 싶어 포기하려는데, 군악대 담당관들이 어제보다 훨씬 좋아졌다며 용기를 북돋아 줬다. 칭찬에 다시 마음을 다잡고 연습을 이어가기로 했다. 군악대와 연습을 끝내고 주말에는 직접 운전하여 서울 시내 결혼식 네 곳을 다니는 동안 차 안에서 〈오직 하나뿐인 그대〉를 수없이 듣고 따라 했다. 그리고 저녁에는 심신의 동영상을 보며 마이크 잡는 방법부터 권총 춤까지 연습했다.

생도의 날 전야제 당일, 강당에서 생도들 리허설이 끝난 후 몰래 리허설을 하는데 그렇게 연습했건만 박자가 잘 맞지 않았다. 하지만 더는 어쩔 수 없었다. 전문 가수가 아니니 조금 틀리더라도 생도들만 즐거우면 된다고 위안하며 리허설을 마쳤다. 전야제 준비가 완료되었다는 보고를 받으면 생도대장이 19시 정각 강당에 도착하고, 생도대장의 "실시!"라는 명령에 본격적인 막이 오르게 된다. 이어서 중대별로 준비한 각종 노래나 춤, 꽁트, 연주 등과 육사군악대, 외부 대학 등의 찬조 공연이 예정되어 있었다.

전야제 시작 5분 전, 모든 생도와 훈육요원이 강당 출입구 쪽에서 생도대장이 나타나기를 기다리고 있었다. 같은 시간, 나는 무대 뒤 대기실에서 출연 준비를 하는 생도들을 격려하며 서성거렸다. 시간이 되었는데 생도대장이 강당으로 갈 생각은 하지 않고 무대 뒤에서 어슬렁거리고 있으니 전속부관의 표정이 점점 불안해졌다. 내가 노래를 준비했다는 건 군악대 몇몇 장병 외에는 생도대 훈육요원이나 생도들, 심지어 내 전속부관과 운전병까지도 몰랐다.

　19시 정각. 여전히 생도대장은 등장하지 않았는데 무대에서 엘비스 프레슬리의 〈Can't help falling in love〉 전주가 흘러나오기 시작했다. 사전에 군악대 밴드에게 19시 정각이 되면 무조건 연주를 시작하라고 당부해 두었기 때문이다. 나중에 들어 보니 강당 내에서는 대혼란이 있었다고 한다. 전야제 시작을 알릴 생도대장이 나타나지도 않았는데 생뚱맞게 음악 소리가 울려 퍼지니 뭔가 잘못되었다는 생각에 그야말로 단체 '멘붕' 상태였던 것이다.

　그때 나는 무대 커튼 뒤에서 마이크를 잡고 심호흡을 하며 타이밍을 기다리고 있었다. "Wise men say only fools rush in But I can't help falling in love with you······." 내가 노래를 부르며 무대 중앙으로 이동하자 무대를 바라보던 생도들은 저 사람이 누구인가 잠시 당황하는 듯했지만 뒤늦게 생도대장을 알아보고 환호와 박수를 보내 주었다. 1절을 마치고는 간주 중에 객석으로 내려가 생도 및 파트너, 학부형들과 여유 있게 악수하고 다시 무대로 이동하여 2절까지 노래를 마쳤다. 생도들이 우레와 같은 박수를 보냈고, 사회자가 자연스럽게 다음 순서를 진행하려고 했지만 나에게는 아직 한 곡의 노래가 남아 있었다.

"귀관들이 비록 앙코르를 외치지 않았지만 생도대장은
　한 곡을 더 부르겠다."

　비장하게 선언하며 정복 상의를 벗어 던지고 밴드에
큐 사인을 보냈다. '빰바바' 하는 〈오직 하나뿐인 그대〉
전주가 힘차게 시작되었다. 그러자 수많은 생도가 소리
를 지르며 무대 위로 뛰어올라왔다. 이러다 무대가 무너
질까 걱정되어 그만 올라오도록 하고, 검은 선글라스까
지 착용하고 야심차게 준비했던 권총 춤과 함께 노래를
열창했다. 리허설 때까지만 해도 버벅거렸는데, 정말 신
기하게도 노래를 부르면서 박자가 꽤 잘 맞는다는 느낌
이 들었다. 아마 생도들의 흥겨운 춤과 힘찬 박수 덕분이
라고 생각한다. 준비한 공연은 무사히 끝났고, 본격적인
전야제가 시작되었다. 기분 탓인지 몰라도 여느 때보다
도 유독 흥겨운 축제였던 것 같다.

　평소에 훈육과 군사학, 리더십 교육, 체육을 책임지는
생도대장은 생도들에게 회초리만 드는 사람, '가까이하
기엔 너무 먼' 장교로 여겨지는 존재였다. 하지만 그날
생도들과 즐거운 시간을 함께한 이후로 생도대장도 자신
들과 똑같은 사람이라고 느끼게 해 주었던 것 같다. 그래
서인지 그 후 나의 훈육에도 더욱 적극적으로 호응해 주
었고, 당시 생도였던 장교들과 지금까지도 스스럼없이

교류를 이어 오고 있다.

　리더십은 꼭 경직되고 엄격한 얼굴로만 발현할 수 있는 것일까? 궁극적인 리더십은 조직 구성원들이 자발적, 의욕적으로 최대한 역량을 발휘하고 몰입할 수 있도록 하는 것이라고 생각한다. 따라서 생도대장은 생도들이 평소에는 군기를 유지하며 생활토록 엄격하게 훈육하되 축제나 공연 등에서는 자발적, 의욕적으로 즐길 수 있도록 환경을 만들어 주면 된다. 비록 어설픈 실력이었지만 노래 공연은 당시 내가 발휘할 수 있는 가장 좋은 지도 방법이자, 행사를 즐겨야 할 진정한 주인공은 바로 생도들이라는 메시지를 전한 순간이기도 했다.

혼자 빛날 수 있는 별은 없다

매년 6월 말이 되면 올해 임관한 신임 소위들이 초등 군사반(16주간 병과별로 초임장교의 자질과 역량을 키우는 과정) 교육을 마치고 각지의 자대에 배치되어 소대장 임무를 수행하게 된다. 초등군사반을 수료할 즈음의 어느 날, 야외훈련에서 복귀했는데 간부 숙소 게시판 앞에 동기생들이 왁자지껄하게 모여 있었다. 무슨 일인가 해서 다가가 보니 소대장 분류 명령지가 게시되어 있었다.

그걸 보고 여기저기서 환성과 탄성이 섞여 나오고 있었다. 전방 철책이 있는 사단으로 분류된 동기생들은 환성을 지르고 있었고, 평소 전혀 들어 보지 못했던 향토사단으로 분류된 동기생들은 탄성을 내뱉고 있었다. 지금은 모든 사단을 보병사단이라고 부르지만 당시에는 전방에 있는 사단만 보병사단이라고 하고 후방은 향토사단(지금은 지역방위사단)이라고 불렀다. 그래서 생도 생활을 할 때나 장교로 임관 후 초등군사반 교육을 받을 때도 사실 그런 사단은 있는지도 잘 몰랐다. 그러니 후방 향토사단으로 분류된 동기생들은 '내가 후방에 가려고 그 힘든 생도 생활 4년을 견뎠단 말인가' 하면서 허탈함을 느꼈던 것이다. 아무래도 오타인 게 분명하다고 현실 부정을 하는 동기생들도 있었다.

나 역시 후방에 있는 제50향토사단으로 분류되었다. 그걸 보니 눈앞이 깜깜해지며 서글프고 답답했다. 나를 포함해 후방으로 가게 된 동기생들 모두 명령지가 바뀌기를 간절히 기원했지만 당연히 그런 기적은 일어나지 않았다. 이런 반응이 학교 측에도 보고되었는지 초등군사반 수료식 때 교육단장 대령께서 후방으로 가는 장교들에게 격려의 말씀해 주셨다. 후방에서 열심히 근무하는 동안 대학원에 등록하여 공부를 하든 결혼을 하든 시간을 버리지 말고 뭐라도 꼭 하라는 조언도 있었다.

어쨌든 초등군사반 수료 후, 휴가를 보내고 명령지로 이동하게 됐다. 대구에 있던 50사단 사령부에서 사단장님께 전입신고 후 소위 '육공(60)'이라 불리는 M602 트럭 적재함에 동기생 8명과 함께 실려 경북 동해안 경계를 담당하는 모 연대로 향했다.

동기생 모두가 해안소초장으로 보직되는데, 대대를 분

류하기 전에 우선 연대계획에 의해 3박 4일 동안 해안에 배치된 3개 대대 해안근무지를 순환하며 지휘실습을 했다. 실습을 마치고 연대로 복귀한 동기생들은 하나같이 해안 4대대만 피하고 싶다고 입을 모았다. 해안 4대대의 대대장님이 매우 엄격하셔서 숨이 막힌다는 이유였다. 서로 4대대만 아니길 바라며 신고대기를 하고 있는데, 동작 빠른 동기생 하나가 연대 인사과에 갔다 오더니 청천벽력 같은 소식을 전했다.

"고성균! 너랑 내가 해안 4대대로 분류됐다."

이게 무슨 운명의 장난인가 싶었지만 별수 없이 연대장님께 신고를 하고 나오니 다른 동기생들이 이미 각 대대에서 보낸 트럭에 올라타고 있었다. 그런데 이상하게 해안 4대대 트럭만 보이지 않았다. 시작부터 쉽지 않다는 생각에 긴장하며 열심히 트럭을 찾고 있는데 저쪽에서 우릴 부르는 소리가 들렸다. 해안 4대대 대대장님이 지프차 보닛에 떡하니 기대어 계시는 게 아닌가. 우리는 트럭에 탄 다른 동기생들의 부러움을 받으며 지프차에 올라 대대로 향했다. 가는 동안 대대장님은 고기도 먹어본 사람이 잘 먹는다고, 해안소초장을 해야 하니 바닷가에서 학교를 다닌 나와 동기생을 뽑았다며 친절하게 설명해 주셨다. 덕분에 나는 한층 편해진 마음으로 본격적인 군 생활을 시작하게 되었다.

나는 최종적으로 14중대 3소대장으로 보직되었다. 우리 소대의 책임지역은 총 9.2km로 소대장이 있는 소초가 6km, 부소대장이 책임자로 있는 분초가 3.2km를 담당하고 있었다. 중대에서 신고를 마치고 소초로 가는 길에 분초에 들렀더니 나이 지긋하신 김 중사라는 분이 밝게 웃으며 환영해 주셨다. 그분은 중사 정년이 되어 딱 일주일만 함께 근무한 뒤 전역하셨고, 두 번째로 온 부소대장은 중사 진급 예정자였는데 또 일주일 만에 상급 부대에서 데리고 가 버렸다. 그래서 한동안 부소대장 없이 지내다 보니 아무래도 불편한 일이 많았다.

그러던 어느 날, 중대장님이 대대에 있는 모 중사를 부소대장으로 받겠느냐고 물어보셨다. 당시 모 중사는 대대 내에서 업무는 아주 잘하지만 다소 까칠한 성격인 데다, 입바른 소리를 잘해서 장교들이 같이 근무하기를 꺼린다는 소문이 있었다. 중대장님은 그 이야기까지 해 주시면서, 혹 부담되면 더 기다린 뒤 다른 사람을 받아도 된다고 했다. 나는 넓은 책임지역을 담당하려면 반드시 부소대장이 있어야 한다고 생각했고, 모 중사의 성격보다는 업무 능력을 우선적으로 고려하여 함께 근무하기로 결정했다.

처음엔 나보다 나이도 많고 이미 결혼해서 아이도 있는 부소대장과 어떻게 친해져야 할지 조금 어색했다. 그래서 일요일 낮에 소주 한 병에 새우깡 한 봉지를 사 들고 부소대장의 집을 찾아갔다. 당시에 나는 술을 잘 마시지도 못했고 해안소초장은 술을 먹어서도 안 되었기 때문에, 소주는 부소대장 혼자 마시고 새우깡은 아이가 먹었다. 부소대장은 장교가 자기 집에 온 건 처음이라고 고마워하면서 소주를 마시며 금과옥조 같은 이야기를 해줬다. 까칠하다는 소문에 우려했던 것과 달리 마음을 터놓고 이야기하는 시간이 퍽 좋았다. 결과적으로 부소대장을 만난 건 군에서 결정한 최고의 선택 중 하나였다. 이후로 부소대장의 덕을 본 일이 한둘이 아니었으니 소대장으로서 천군만마를 얻은 것이나 다름없었다.

어느 날은 연대에서 소초 지역에 106mm 무반동총 진지를 만들라는 지시가 내려왔다. 육사에서 토목공학을 공부하긴 했지만 실제 시멘트 작업 같은 건 전혀 해 본 적이 없었다. 어찌할 줄 몰라 혼자 끙끙거리고 있었는데, 어디선가 부소대장이 혜성처럼 나타났다.

"소대장님은 저리 가서 쉬고 계십시오."

부소대장은 아주 믿음직스럽게 한마디 하고는 병사들에게 능숙하게 지시하기 시작했다. 며칠 뒤, 106mm 무반동총 진지가 훌륭하게 완성됐다. 민망하게도 칭찬은 책임자인 내가 듣고 말았다.

내가 중위 진급을 하고 난 뒤, 해안에서 철수해 예비대로 있는 동안에도 부소대장은 든든하기 그지없는 전우가 되어 주었다. 한번은 대대에서 소대 내무반 환경개선 경연대회가 있었는데, 모든 소대장이 똑같이 열심히 했지만 1등은 우리 소대의 차지였다. 소대장 혼자 고군분투하는 다른 소대와 달리 부소대장이 소대장과 함께 열정을 다해 준 덕분이었다.

한번은 뜨거운 여름 날 소대원들이 크게 잘못한 게 있어 얼차려를 시키기 위해 완전군장으로 연병장에 집합시키고 있는데, 업무차 외부에 나갔다가 돌아오던 부소대장이 슬그머니 다가와 무슨 일인지 물었다. 그 이유를 설명했더니 부소대장의 미간이 슬쩍 구겨졌다.

"에이, 소대장이 체통 머리 없이……."

들으라는 듯한 혼잣말에 살짝 기분이 나빠지려는데, 부소대장이 또 여기는 자신에게 맡겨 두라면서 나를 들여보냈다. 중대행정반에 들어가 창문을 통해 밖을 보고 있자니 소대원들은 모두 내무실(현재는 생활관)로 들어가고 부소대장만 혼자 연병장에 그대로 서 있는 모습이 보였다. 부소대장이 소대원들을 봐주는 것인가 싶은 찰나, 소대원들이 완전군장을 벗고 판초우의에 단독군장으로 집합하기 시작했다. 이후 소대원들은 뜨거운 태양 아래서 하염없이 땀을 흘려야 했다. 부소대장이 소대장을 대신하여 궂은 역할을 맡아 주었던 것이다. 계획이 있는 부소대장을 잠시 오해했던 게 머쓱해졌다.

이후에도 어떤 날은 내무반에 있는 나에게 와서 중대행정반에 가 보라고 하는데, 가 보면 위문편지나 빵 같은 먹거리가 기다리고 있었다. 그런 걸 소대원들에게 나눠주는 반가운 일은 소대장의 몫으로 남겨둔 것이다. 이 외에도 부소대장은 소대가 어디로 배치되든 소대의 의식주 관리와 작전환경 숙지 등 매사에 완벽하게 소대장을 보좌해 주었다. 소대 전투력 측정에서도 부족한 소대장을 도와주어 압도적인 성적으로 1등을 차지할 수 있었고, 덕분에 소대원들에게 포상휴가증이나 선풍기 등을 나눠줄 수 있었다.

무대에서 빛나는 스타의 한순간을 만들기 위해 보이지 않는 곳에서 최선을 다하는 스태프들이 있는 것처럼, 육군 최고의 부소대장 덕분에 부사관 역할의 중요성을 일찍이 깨닫게 되었다. 생각해 보면 우리가 살아가는 매 순간도 마찬가지일 것이다. 누구의 도움 없이 오로지 혼자 살 수 있는 사람이 있을까? 당시 부소대장을 생각하면 늘 당연하다고 여겼던 많은 조력에 대해 새삼 되새기게 된다. 소대장이 빛나는 순간에는 항상 부소대장이 있었듯, 혼자서 빛날 수 있는 별은 없다.

저주의
검문소

요즘 길을 다니다 보면 산책하는 개들이 많이 보인다. 나도 오래전부터 개 두 마리를 키우고 있다. 그런데 이들은 사료도 필요 없고 산책도, 배변도 하지 않는다. 사실 내가 키우는 개는 실제로 살아있는 동물이 아니라 마음속에 있는 선입견과 편견이다. 아마 나뿐만 아니라 모두가 똑같은 개를 키우고 있지 않을까 생각한다.

영국 BBC 방송사에서 재미있는 실험을 한 적이 있다. 시청자들을 대상으로 가상의 법정 사건을 보도하면서 피고인의 사진을 공개했는데, 실험 대상을 둘로 나누어 한 집단에게는 얼굴이 못생긴 청년을, 다른 집단에게는 잘생긴 청년을 피고인으로 제시한 것이다. 그 결과는 어땠을까? 시청자들은 못생긴 청년에게 40%의 유죄 판결을 내렸고, 잘생긴 청년에게는 29%만 유죄 판결을 내렸다고 한다. 왜 이런 결과가 나온 것일까? 그저 외모만 보고

'잘생긴 사람은 나쁜 짓을 하지 않을 것'이라는 선입견이 작용했기 때문이다.

나도 다소 우락부락한 외모 때문인지 이러한 선입견 때문에 곤란한 일을 겪은 적이 몇 차례 있다. 재수할 때 친한 친구의 형이 군 복무를 하고 있던 연천의 어느 부대에 놀러갔다가 서울로 돌아오던 중의 일이었다. 버스를 탔는데 이미 만원이라 우리는 다른 승객들과 함께 흔들리는 버스에 끼여 서 있었다.

덜컹덜컹 달리던 버스가 어느 순간 멈춰 섰다. 적성 검문소라는 곳을 통과하기 위해서였다. 잠시 후 빼곡한 승객들 사이로 "잠시 검문이 있겠습니다." 하는 헌병의 씩씩한 목소리가 들렸다. 버스 안이 순식간에 조용해졌고, 좌르륵 좌르륵 하는 헌병의 군복 바짓가랑이 소리만 울려 퍼졌다. 헌병은 먼저 군복을 입은 사람에게 다가가 휴가증을 제시하라고 하더니, 이상이 없는지 확인 후 돌려주었다. 그러더니 내가 서 있는 곳을 향해 똑바로 다가오는 것이 아닌가? 헌병 헬멧 아래 레이저 같이 강렬한 눈빛과 눈이 마주치자 나도 모르게 바싹 긴장이 됐다. 헌병은 나에게 주민등록증을 요구하더니, 내 얼굴과 번갈아 훑어보고 주민등록증을 돌려준 뒤 버스에서 내렸다. 괜히 무슨 죄라도 지은 것처럼 주눅이 드는 동시에 좀 창피

하기도 했다. 왜 다른 사람들은 검사하지 않으면서 나만 검사하는 것인가?

아무튼 버스는 무사히 다시 출발했고 얼마 후 다시 법원리 검문소라는 곳에 멈춰 섰다. 버스에 오른 헌병은 이번에도 버스 뒤쪽의 통로에 서 있던 나에게만 신분증을 요구했다. 같이 간 친구도 있고, 다른 승객들도 넘쳐나는데 그중에 콕 짚어서 나에게만 신분 확인을 했다. 당연히 별일은 없었지만 괜히 버스 안의 모든 사람이 나를 쳐다보는 것 같아 움츠러드는 기분이었다. 버스가 다시 출발하고 나서 억울한 와중에 곰곰이 생각해 봤다. 여자 승객들은 검문 대상이 아니니까 제외한다고 치고, 같이 간 친구를 포함하여 버스 안의 대부분 남자 승객들이 머리가 길거나 안경을 쓰고 있었다. 반면 나는 스포츠형 머리에 안경도 없고 덩치도 있다 보니, 헌병이 보기에는 아마 현역병이 사복을 입고 몰래 위수지역을 벗어나려고 하거나 간첩일 가능성이 있다고 판단했던 것 같다.

그러다 버스가 삼송리 검문소에서 또 멈춰 섰다. 이번에는 정말 혼자서만 검문 대상이 되고 싶지 않았다. 슬쩍 꼼수를 부려서, 제일 뒷자리 여대생들이 모여 이야기를 하는 쪽으로 바짝 다가갔다. 그리고 마치 그들의 일행인 것처럼 버스 뒤쪽을 바라보고 섰다. 아니나 다를까 잠시 후 "검문이 있겠습니다." 하는 목소리와 함께 헌병이 사람들을 헤치고 들어오는 소리가 들렸다. 나는 절대 앞쪽을 보지 않겠다는 의지로 계속 뒤를 바라보고 있었다. 결과는 성공적이었다. 이번에는 검문 없이 통과였다. 내가 검문을 받지 않으니까 같이 있던 친구나 다른 승객들도 오히려 의아해하는 눈치였지만 말이다.

또 다른 사례가 있다. 당시 나는 소령으로 육군본부에 근무하고 있었는데 사무실 동료 중에 육사 1년 선배인 이 소령님과 함께 볼일을 보러 나온 참이었다. 당시 서울역 광장은 여러 가지 사유로 경찰과 전투경찰들이 사복으로 검문 활동을 하고 있던 시절이다. 광장을 걷고 있는데 사복 입은 경찰이 갑자기 나를 붙잡더니 신분증을 보여 달라고 했다. 재수생 시절 검문소의 트라우마가 떠오르는 순간이었지만 어쩌겠는가? 신분증을 제시한 뒤에 이제 옆에 있는 이 소령님 차례인가 하고 있는데, 경찰은 내 신분증만 확인하고 가도 좋다고 했다. 왜 또 나만!

추측해 보건대 당시 짧은 스포츠형 머리에 다소 우락부락한 체형인 데다 검은 가죽점퍼에 검은 가죽장갑을 착용하고 있어 조폭 비슷한 사람으로 오해받은 게 아닌가 싶다. 반면 이 소령님은 나보다 머리도 길고 얼굴이 희고 곱상한 데다, 안경과 세련된 밤색 가죽점퍼를 착용하고 있으니 학자나 평범한 회사원으로 본 것이 아닐까.

그날 이후로 나는 그 검은색 가죽점퍼를 절대 입지 않게 됐다. 오랫동안 옷장 안에 처박아 두었는데 어느 순간 사라져 버렸다.

내가 좀 소심한 탓인지 몰라도, 부정적인 선입견의 대상이 되는 것이 썩 기분 좋은 일은 아니다. 또 실제로 잘못된 선입견이나 편견이 많은 사회적 문제나 갈등을 불러일으킬 수도 있고 말이다. 나 역시 억울한 신입견을 겪었기에 다른 사람들을 볼 때 섣불리 판단하지 않기 위해 노력하려고 한다. 내 마음속에 있는 개 두 마리를 완전히 없앨 수는 없겠지만 최대한 색안경을 벗고 세상을 더 올바른 눈으로 바라보고 싶다.

★
★

장군에게 경례 받는
백발의 중령

장군의 올챙이 시절

처음 흰머리가 생기기 시작한 것은 1992년 늦여름 무렵이었다. 당시 육사 동기생 모임에서 회장을 맡고 있었는데, 무슨 문제가 생겨 2주 정도 깊은 고민을 하며 스트레스를 받았다. 그런데 같은 사무실에 있던 윤 병장이 문득 이렇게 말하는 것이었다.

"훈육관님, 갑자기 흰머리가 많이 생기셨습니다."

거울을 보니 29살에 백발이 되었다는 공자의 제자 안회 정도는 아니라서 별생각 없이 넘겼다. 그때는 별 생각 없이 넘겼는데, 내가 38세에 대대장에 보직되고 보니 아무래도 병사들 대부분이 20대 초반인데 대대장 머리카락이 하얗게 새어 있으면 너무 할아버지처럼 보일 것 같았다. 그때부터 5년 정도 쉬지 않고 꾸준히 염색했다.

이후 2001년에 육군본부 인사참모부 인사기획과에서 일하게 되었는데, 워낙 바쁜 부서라 야근을 밥 먹듯 하다 보니 염색할 시간이 나질 않았다. 계룡대(육, 해, 공군본부가 있는 곳) 건물 안에 있는 영내 이발소에서 겨우 이발만 하는 정도였다. 그날도 어김없이 이발하고 모처럼 8 대 2 가르마를 멋있게 탄 뒤 자신 있게 사무실을 향해 복도를 걷고 있었는데, 복도 중간에서 만난 공군 준장(1성 장군)께서 대뜸 나에게 경례를 하셨다. 깜짝 놀라서 나도 뒤늦게 경례를 했다.

어떻게 된 상황인지 보니, 나는 서쪽에서 동쪽으로 햇빛을 받으면서 걸어가고 있었는데 맞은편의 공군 장군님이 보기에 허연 머리를 단정히 빗은 사람이 다가오고 있는 것이다. 거기에 어깨에 계급장 2개가 달린 걸 보고 중령 계급장을 소장 계급장으로 오인하신 모양이었다. 괜히 미안한 마음이 들어 죄송하다고 인사를 하고 급히 사무실로 돌아왔다.

얼마 뒤에는 점심을 먹고 복도를 걸어가고 있었는데, 이번에는 마주 오고 있던 육사 6년 선배 대령 세 분이 동시에 나에게 경례를 했다. 또 얼른 쫓아가서 제가 6년 후배인데 죄송하게 되었다는 말씀을 드렸다. 이런 일이 반복되면서 염색해야 할 것 같다고 생각하긴 했으나 하루에 서너 시간만 자면서 계속 업무를 처리하는 데다 주말에도 일할 만큼 워낙 바쁘다 보니 영 시간이 나질 않았다. 그렇게 염색을 안 하고 버텼더니 비슷한 일이 또 벌어지고 말았다.

몇 개월 후, 이날도 8 대 2 가르마를 단정하게 빗어 넘기고 3성 중장이신 참모차장 비서실에 업무 협조를 위해 방문했다. 비서실 문을 열고 들어서니 소파에서 장군 네 분이 말씀을 나누고 계셨다. 그런데 내가 들어서는 순간 정면에서 눈이 마주친 1성 준장님께서 벌떡 일어나 나에게 경례를 하셨다. 순간 나는 얼어 버렸고, 나머지 세 분이 동시에 내 쪽을 돌아보셨다. 다행히 그중에 나를 잘 아시는 분이 계셔서 먼저 알은척을 하며 농담 반, 진담 반으로 면박을 주셨다.

"보는 사람마다 인사하게 만들지 말고 염색 좀 해라, 염색 좀!"

결국 내 흰머리가 여러 사람에게 불편을 끼친다는 죄송한 마음이 들어서 그때부터 먹는 시간을 쪼개서라도 어떻게든 짬을 내어 다시 염색을 시작했다. 이후 대령 진급하고 연대장 마칠 때까지도 부지런히 염색했다. 그러다 2007년 말에 장군 진급 예정자가 되면서 군 외부 기관으로 연수를 가게 됐다. 그때는 군인을 만날 환경이 아니다 보니 다시 염색을 안 하고 지내다가, 바로 다음 해에 육군본부에서 만든 TF 팀장으로 임시 보직을 맡게 되었다. 몇 개월의 공백 때문인지 염색에 대해 잠시 잊어버린 채 지하 벙커에서 열심히 일하던 중, 하루는 점심을 먹고 잠시 팀원들과 산책을 하러 나갔다. 햇볕을 쬐며 걷다가 건물로 돌아가고 있는데, 건물 근처에서 승용차에 타려고 막 발을 차에 올리던 해군 제독님께서 나를 발견하고는 차에서 발을 내리고 섰다. 아니나 다를까, 역시 나에게 넙다 경례하시고 말았다.

그때가 마침 장군 인사이동 시기였다. 해군 제독님은 새로 온 육군참모차장님이 백발이라는 얘기를 들었는데, 허리에 장군 벨트를 차고 어깨에는 계급 3개가 붙어 있는 나를 보고는 3성 중장이신 육군참모차장님이라고 생각하신 것이다. 그래서 또 송구한 마음으로 얼른 사과하고 들어왔다.

이제 다시 염색을 해야 하는 타이밍인가 싶었으나 하지 않았다. 염색하겠다고 마음을 먹긴 했는데, 사무실에 내려가 보니 마침 장군으로서의 첫 보직 명령이 나와 있었다. 진급 업무를 다루는 곳이라 되도록 다른 군인과의 접촉을 지양해야 하는 자리였고, 사무실도 외딴 산속에 있었다. 그래서 업무 특성상 당분간 굳이 염색할 필요가 없을 듯했다.

전역한 뒤, 다시 염색을 고민하게 되었다. 대학에서 강의를 하는데 학생들이 다 20대 초반이니 주변에서 염색을 좀 하는 게 어떻겠냐고 권유하는 것이다. 고민을 했지만 결국 염색을 하지 않기로 했는데, 고맙게도 머리 색깔과 관계없이 학생들이 강의를 들으러 많이 찾아왔다. 이제는 백발이 나의 트레이드 마크라고 생각하기로 했다.

우리 사회에서 외모가 중요하지 않다고 말하기는 어려울 것이다. 여론조사 전문기관인 한국갤럽이 2020년 2월에 전국 만 19세 이상 남녀 1,500명을 대상으로 조사한 결과 무려 89%가 인생에서 외모가 중요하다고 답했다고 한다. 하지만 '매우 중요하다'라고 답변한 비율은 1994년 42%, 2015년 25%, 2020년 20%로 점차 감소하는 추세였다. 머리도 하얗고 우락부락하게 생긴 나 같은 사람에게는 꽤 다행스러운 결과인 것 같다.

플라톤은 "겉모습이란 속임수다."라고 말하며 그 너머에 있는 진실을 보라고 했다. 또 마키아벨리는 "인간은 대체로 내용보다는 외양을 통해서 사람을 평가한다. 누구나 다 눈을 가지고 있지만 통찰력을 가진 사람은 드물다."라고 말하기도 했다. 외양도 중요하지만, 외양보다 중요한 것은 결국 그 사람의 본질일 것이다. 그러니까 내 유튜브 구독자분들이 새하얀 머리카락을 보고 KFC 할아

버지라는 별명으로 불러주는 것도 좋지만, 이왕이면 할
아버지보다는 아저씨 쪽이 더 좋겠다는 이야기다.

사람다운 삶을 가르쳐 주신 스승의 은혜

지금 돌아보면 오늘에 이르기까지 함께해 줘서 참 감사한 분들이 많다. 우리는 살면서 많은 사람을 만나고 관계를 맺으며 영향을 받게 되는데, 그중에서도 귀중한 삶의 지혜를 나눠 주신 스승의 은혜는 내 삶의 든든한 재산이자 기반이 되어 주었다.

내가 준장 때 스승의 날을 맞아서 계룡시에 있는 어느 초등학교에 일일 강사로 간 적이 있다. 초등학교 고학년 수준에 맞춰 준비한 강의를 열심히 진행하던 나는 교탁 위에 올려 둔 휴대폰을 슬쩍 꺼내 전화를 한 통 걸었다. 신호만 가고 전화 연결은 되지 않았는데, 한 시간가량의 강의가 마무리될 즈음에 다시 전화가 걸려 왔다. 발신자의 이름은 '김세진 선생님'으로, 바로 초등학교 6학년 시절의 은사님이다. 강의 도중에 '지금도 초등학교 때 담임

선생님과 연락하며 가르침을 받고 있다'는 이야기를 하면서 선생님께 전화를 걸었는데, 타이밍이 안 맞아 뒤늦게 부재중을 확인하신 듯했다.

김세진 선생님은 초등학교 6학년 때 담임으로, 졸업 이후에도 항상 인생 선배로서 아낌 없는 가르침을 주고 계셨다. 군 생활 중 지휘관 취임식을 비롯한 각종 행사에 항상 선생님을 모셨고, 지금까지도 연락을 하고 있는 인생의 등대 같은 분이다. 강의 중이라는 긴 전혀 모르시는 선생님의 반가운 목소리가 휴대폰 너머로 들려왔다. 당시 미국에 있는 따님 집에 가셨는데 잠시 주무시느라고 전화를 받지 못하셨다고 한다. 그런데 전화벨이 오랫동안 울리니 따님이 아무래도 중요한 전화인 것 같다고 생각해 선생님을 깨워 주신 것이었다. 초등학생들과 강의하던 중에 전화를 드렸다고 하니, 선생님은 전화기 너머의 어린 제자들에게 귀한 조언을 전해 주셨다.

"고 장군, 내가 하는 말을 학생들에게 그대로 전달해 주게. 학생들을 인간답게 깨우쳐 주시고 행복한 삶을 살도록 하는 분은 선생님이니 선생님 말씀을 잘 들으라고 말이야."

더불어 그 자리에 선생님들도 계신지 묻더니, 선생님

들에게도 말씀해 주셨다.

"선생님들께도 학생들에게 좋은 스승이 되어 달라고 말씀드리고, 선생님들의 선생님일 수도 있는 교장선생님 말씀도 잘 듣길 바란다고 전해 주게."

〈스승의 노래〉 가사를 보면 "스승의 마음은 어버이시다"라는 가사가 있다. 부모님은 우리에게 생명을 주신 분이고, 스승은 우리가 인간답게 살아갈 수 있도록 필요한 지혜를 일깨워 주시는 분이다. 사회적으로 올바르게 성장하는 데 있어 스승이 또 다른 어버이가 되어 주시는 셈이다.

학교에서 스승에게 가르침을 받는 것처럼, 회사나 군대에서는 사수의 존재가 매우 중요하다. 사수를 잘 만나야 업무를 잘 배울 수 있듯 군대 간부도 마찬가지다. 특히 처음 부임한 부대에서 어떤 간부, 어떤 상급자를 만나는지가 군 생활 전체에까지 많은 영향을 미치기도 한다. 초임지에서 상급자를 잘못 만나는 바람에 일찍이 군에 대한 꿈을 접는 동기생들을 종종 보기도 했다. 그에 비하면 나는 소대장 때 부소대장, 중대장님, 대대장님 등 참 좋은 분들을 많이 만났다. 물론 소대장 이후에도 인간관계에 있어 대체로 운이 좋은 편이었다.

연대본부의 작전장교라는 보직을 받았을 때, 막 부임한 나는 아무것도 모르는 초보 중의 초보였다. 연대본부 작전장교는 통상 중대장을 가장 잘한 대위가 소령 진급을 위해 보직되는 자리인데, 상급 부대의 실수가 있었는지 이제 막 소대장을 마치고 갓 중위를 달았던 내가 그 자리에 보직되었다. 그리고 내 사수라고 할 수 있는 전임자는 소령으로 진급하여 곧 교육을 받을 예정이었다.

부임 첫날, 사단으로부터 관내 청원경찰 현황을 파악해서 보고하라는 지시를 받았다. 우선은 청원경찰이 무엇인부터 알아야 했다. 지금처럼 사무실에 컴퓨터가 있고 인터넷이 연결되어 있다면 각종 업무를 비교적 쉽게 처리할 수 있었겠지만 당시에는 그런 것들이 전혀 없던 시절이었다. 하늘 같은 사수님은 넓은 사무실 저쪽에서 바쁘게 다른 일을 하고 계셔서 차마 물어볼 엄두도 나지 않았다. 결국 사무실의 병사에게 물어 청원경찰이 대략 청송감호소, 안동댐, 안동교도소 등 제법 많은 중요한 시설에서 경비 업무를 하고 있다는 것을 알아낼 수 있었다.

하지만 그 현황을 파악하기도 쉽지 않거니와 사단에 어떤 형식으로 보고해야 하는지도 알 수 없었다. 혼자 이래저래 헤매고 있는데, 한참이 지났을 무렵에서야 사수님이 나를 흘깃 쳐다봤다.

"고 중위! 왜 종일 왔다 갔다 하고 있어?"

"저, 그게……."

여차저차 상황을 설명했더니 사수님이 혀를 찼다.

"똑똑한 줄 알았더니, 쯧쯧."

그러더니 이면지에 연필로 양식을 간단히 그리고 열 곳이 넘는 관내 청원경찰 현황을 5분 만에 작성하고는 이대로 텔레타이프(전신타자기)로 쳐서 사단에 보고하라고 했다. 시키는 대로 하긴 했지만 그때 마음은 사수가 참 미웠다. 진작 알려 주었으면 하루 종일 고생할 필요도 없었을 것 아닌가? 그 뒤에도 사수는 말없이 사무실에서 교범만 들여다보고 있었다.

며칠 뒤, 사수가 오전 일과 후 점심을 먹고 나서 사무실에서 보자고 나를 호출했다. 그리고 나서 내게 참모업무가 무엇인지, 숙지해야 할 육군규정은 무엇이 있는지를 비롯해 업무 순환 절차, 관련 자료 현황, 인접 기관과의 관계 등 각종 정보를 소상히 알려 주기 시작했다. 알고 보니 사수가 나를 골탕 먹이려고 모르는 척했던 것이 아니라, 며칠 동안 지켜보며 나의 업무 스타일도 파악하고 무엇을 알려 줘야 할지 수준에 맞는 교육 내용도 검토하고 있던 것이다. 잠시나마 오해한 것이 머쓱하기도 하고 죄송했다. 이후 업무적인 부분 외에도 사수님은 나를 물심양면으로 도와주셨는데, 특히 당시 간부 숙소가 없어 추운 겨울에 오갈 데 없던 나를 자신이 세 들어 살던 단칸방에 임시로 기거하도록 배려해 주신 것이 아직도 기억에 남는다.

군이나 회사에서 어떤 사수를 만나 무엇을 배우는지는 앞으로의 조직 생활에 있어서 매우 큰 영향을 미친다. 나역시 사수님 덕분에 이후 군 생활 동안 각종 업무를 잘 처리할 수 있는 기틀을 다질 수 있었다고 생각한다. 더불어 내가 누군가의 사수가 되었을 때 어떤 태도로 어떤 가르침을 주어야 하는지도 생각해 보는 계기가 됐다. 군 생활에서 만난 또 한 분의 스승이었던 셈이다. 이때 내 군 생활의 기틀을 잡아 주신 사수님과는 이후에 같은 부대에서 근무한 적은 없지만 늘 연락을 주고받았다. 얼마 전고인이 되신 존경하는 사수님께 다시 한번 깊은 감사를 전한다.

장군의
소통법

★
★

횟집에서 주문한
닭 한 마리

오늘날 세대 간에 사용하는 언어 차이가 점점 커지는 것을 느낀다. 특히 유튜브를 운영하다 보니 젊은 세대의 용어를 접하게 될 때가 많은데, 이전에는 'jjam tiger'라는 구독자 아이디를 보고 '쩸 타이거'라고 했다가 다른 구독자 분이 '짬 타이거'라고 바로잡아 주신 적도 있다. 짬 타이거는 군부대에서 잔반(짬밥)을 먹으며 사는 고양이를 말하는데, 젊은 세대도 이 단어를 아는지 궁금하다. 이처럼 각자 사용하는 언어는 세대 외에도 지역, 성장 환경, 경험 등에 따라 다르다. 주로 쓰는 언어의 차이가 의사소통에서 종종 오해를 불러일으키기도 한다.

아주 오래전에 친한 친구의 형이 결혼하고 시골집에 왔을 때의 일이다. 저녁밥을 지을 때가 되자 어머니가 며느리, 즉 친구의 형수님에게 "새아가, 뒤안(뒤꼍)에 가서

60

갈비 좀 가져와라."라고 하셨다. 형수님은 뒤안으로 가면서 내심 놀랐다. 이 시골에서 뒤안에 갈비를 두고 먹을 정도의 넉넉한 살림이라니, 결혼을 참 잘했다고 생각한 것이다. 그런데 뒤안에 가서 열심히 갈비를 찾았지만 어디에 있는지 도무지 보이지 않았다. 할 수 없이 부엌으로 돌아와 시어머니에게 물었다.

"어머님, 뒤안에서 아무리 찾아봐도 갈비가 없는데요?"
"응? 무슨 소리니, 뒤안에 가면 깔린 것이 갈비인데?"

어떻게 된 것일까? 바로 갈비라는 단어를 서로 다르게 알고 있었던 것이다. 며느리는 고기 요리인 갈비를 찾았던 것이고, 어머님은 불쏘시개로 쓸 소나무 낙엽을 말씀하셨던 것이었다. 예전에는 소나무 낙엽을 갈비라고 했는데, 이것이 불에 잘 타기 때문에 당시 시골에서는 불쏘시개로 사용했다. 시골과 도회지에서의 경험 차이가 만들어낸 오해였다.

나도 비슷한 경험담이 하나 있다. 1998년, 서울로 휴가를 나와서 지인들과 횟집에 갔다. 그 자리의 큰형님이 고중령이 서울까지 왔으니 좋은 걸 먹자며 직원에게 오늘 좋은 횟감을 좀 추천해 달라고 했다. 직원이 도다리, 광

어, 우럭, 능성어 등 몇몇 종류를 추천하자 형님이 시원
시원하게 주문을 넣었다.

"일단 '닭 한 마리'하고, 몇 가지 더 갖다 주십시오."
"네, 닭 한 마리요."

순간 내 귀를 의심하지 않을 수 없었다. 횟집에서 닭이
웬 말인가? 그런데 직원은 또 왜 아무런 의구심 없이 복
명복창까지 하며 주문을 받는단 말인가? 나는 속으로 '형
님이 요즘 회를 못 드셔서 통닭을 시키시나 보다. 횟집
에서 통닭 주문도 받아 주고 여하튼 서울이 좋긴 좋구나'
생각하고 있었다.

잠시 후 문어숙회, 산낙지, 전복, 멍게 등 각종 밑반찬
이 상 위에 펼쳐지는 걸 보니 절로 입맛이 돌았다. 화기
애애하게 소주잔을 기울이다 보니 메인이라고 할 수 있
는 싱싱한 회가 큼직한 접시에 담겨 등장했다. 회를 맛있
게 먹으면서도 내 머릿속에는 계속 지워지지 않는 단어
하나가 맴돌고 있었다. 바로 닭이다. 형님이 시킨 그 통
닭은 도대체 언제 나오게 될지 궁금했는데 이상하게도
나 말고는 아무도 통닭에 관심을 갖지 않는 눈치였다. 다
들 까먹은 것 같으니 내가 챙겨야겠다고 생각해 결국 참
지 못하고 직원을 호출했다.

"저, 죄송하지만 처음에 시킨 닭은 왜 안 나옵니까?"

직원은 전혀 처음 듣는다는 것처럼 의아한 얼굴로 되물었다.

"네? 누가 무슨 닭을 시키셨어요?"
"처음에 회 주문하기 전에 '닭 한 마리' 주문했잖아요."

그런데 직원뿐 아니라 옆에 있는 형님까지도 닭을 시킨 적이 없는데 무슨 말이냐고 되묻는 것이었다. 내가 분명 '닭 한 마리' 주문하는 것을 들었다고 하니 형님이 갑자기 파안대소했다.

"고 중령! 네가 지금 그 닭 먹고 있잖아!"

그렇다. '닭 한 마리'가 아니라 '다금바리'였던 것이다. '다금바리'라는 물고기를 전혀 몰랐던 탓에 생긴 오해였다. 어색하게 웃어넘긴 나는 그날 한이 맺힌 것처럼 다금바리를 실컷 먹었다.

이처럼 매우 친한 사이나 한 집안에서도 같은 단어에 대한 경험이나 해석, 관점의 차이로 인해 소통이 제대로 이루어지지 않는 경우가 생긴다. 그럴수록 상대방이 이해할 수 있는 언어로 말하고 상대방을 제대로 이해하려는 경청의 자세가 더욱 중요할 것이다. 나도 유튜브를 통해 10대부터 70대 구독자 분들까지 만나는 만큼, 모두가 오해하지 않을 수 있는 표현 방식을 언제나 고민하고 있다. 적어도 다금바리를 닭으로 오해하는 불상사가 또 일어나서는 안 되니 말이다.

거시기는 좀
거시기한데요

서기 660년 백제와 신라의 황산벌 전투를 그린 〈황산벌〉이라는 영화를 보면 의자왕이 계백장군에게 이렇게 말하는 장면이 있다.

"계백아, 니가 거시기 해야것다."

이는 의자왕이 황산벌 전투를 앞둔 계백에게 술을 따라 주며 하는 대사로, 해석하자면 '계백아, 믿을 놈 하나도 없다. 네가 총대를 메야겠다'라는 뜻이다. '거시기'는 전라도 사투리에서 웬만한 상황에 다 쓰일 수 있는 무소불위의 단어처럼 알려져 있지만 사실 국어사전에 등재된 표준어다. 사전을 보면 "1. 이름이 얼른 생각나지 않거나 바로 말하기 곤란한 사람 또는 사물을 가리키는 대명사 2. ("그, 저기, 긍께, 있자녀." 등과 같이) 하려는 말이 얼른 생각나지 않거나 바로 말하기가 거북할 때 쓰는 감탄사"
라고 되어 있다. 일상생활에서는 묘하게 '거시기'만으로
도 말이 통하는 상황이 많기는 하지만, 조직 내에서 거시
기를 남발하면 의사소통이 영 거시기하지 않을까 싶다.

　육사의 기초군사훈련 기간 동안에는 유달리 사투리가
심했던 동기생들이 상급 생도로부터 혼나는 일이 많았
다. 사투리가 왜 문제가 될까? 장교가 되면 다양한 지역
에서 온 부하들과 함께 생활하게 되는데, 장교가 특정 지
역의 사투리를 쓰면 부대 단합이나 의사소통에 문제가
있을 수 있기 때문이다. 그래서 장교는 사투리를 쓰면 안
되고, 반드시 표준어를 써야 한다는 교육을 받는다. 물
론 사투리가 마음 먹는다고 금방 없어지는 게 아니다 보
니 졸업할 때까지도 고치지 못하는 경우가 많지만, 기본
적으로 지휘통솔과 의사소통에 있어 언어가 매우 중요한
역할을 한다는 점은 인식할 필요가 있다.
　특히 군대에서는 정확한 표현을 사용하지 않아 상대방
이 잘못 알아듣게 되면 의도하지 않았던 황당한 상황이
펼쳐질 뿐 아니라 자칫 큰 참사로 이어질 수도 있다. 실
제로 단어 사용으로 야기된 재미있는 사례가 하나 있다.
내 상관이었다가 나중에 참모총장을 하셨던 경상도 출신
육사 선배의 일이다.

통신장비가 제대로 갖춰져 있지 않던 시절, 육사생도들의 생활 공간인 생도대에서는 전달 사항이 있을 때 상급 생도가 복도에서 "각 호실 들어!"라고 큰 소리로 외쳤다. 그러면 호실별로 생도 1명이 복도로 나와 전달 사항을 듣고 그 내용을 각 호실에 있는 나머지 생도들에게 전달하는 것이다. 간혹 상급 생도가 직접 전달하지 않고 목소리 큰 1학년 생도에게 대신 전달하도록 하는 경우도 있었다.

그 육사 선배도 목소리가 엄청나게 우렁찬 분이었다. 그분이 1학년 때, 3학년 상급 생도로부터 "작업할 것이 있으니 전 1, 2학년 생도는 야전삽을 들고 현관으로 집합하라!"라는 내용을 복도에서 전달하라는 지시를 받았다. 복도에 서서 커다란 목소리로 해당 내용을 전달하였고, 잠시 후 1, 2학년 생도들이 모두 현관에 집합했다. 그런데 작업을 진행하기 위해 3학년 생도가 현관에 도착했을 때, 그는 황당함을 금치 못했다. 일부 생도는 야전삽을 들고 있었지만, 대부분의 생도들이 왼팔에 수건을 걸치고 집합해 있었던 것이다. 경상도가 고향인 1학년 생도가 '삽'을 뜻하는 경상도 방언 '수건포(수굼포)'로 바꾸어 외쳤던 것이다.

"전 1, 2학년 생도는 지금 즉시 수건포(수굼포)를 들고 현관으로 집합할 것!"

결국 수건포(수굼포)의 의미를 알고 있던 경상도 출신 일부 생도들은 야전삽을, 경상도 출신이 아닌 대부분의 생도들은 수건을 왼팔에 걸치고 집합하는 상황이 펼쳐졌다. 수건을 들고 온 생도들은 다시 야전삽을 들고 모였고, 이 선배는 이 일로 2학년 생도들에게 '찍혀' 상당 기간 불편한 생활을 해야 했다고 한다. 억울한 일이긴 하지만 이 경우에는 '개떡같이 말해도 찰떡같이 알아듣기'가 상당히 어려웠을 것이다.

제대로 의사소통이 이루어지지 않아 생긴 또 다른 에피소드도 있다. 아는 선배 장교가 대위 때 국방부에서 어느 국장 보좌관으로 근무할 때의 일이었다. 모시던 국장님이 업무차 일본에서 온 손님들과 다음 날 저녁식사 일정이 있다고 하여 괜찮은 식당을 찾아 예약했다. 다음 날 업무를 마치고 저녁 시간에 맞춰 국장님을 모시고 예약한 식당에 도착했는데, 예약된 방이 없다는 것이었다. 분명 조용한 방으로 부탁해서 음식까지 미리 예약했는데 방이 없다니 너무나 당황스러운 상황이었다. 분명 어제 16시에 전화해서 예약했다고 따져 물었지만 예약 내역은 없었다.

일본에서 온 손님이 곧 도착할 테니 실랑이하기보다 일단 방을 확보하는 것이 우선이었다. 하지만 방은 모두 예약되어 홀에서만 식사를 할 수 있다는 것이었다. 외국 손님을 홀에서 접대할 수는 없는 노릇이라 선배 장교가 초조하게 무슨 방법이 없겠느냐고 하소연을 했다. 그러자 주인은 예약하고 아직 오지 않은 일본 손님이 한 팀 있다고 하며 전화기 다이얼을 돌렸다. 당시는 휴대폰이 없던 시절이라 식당 주인은 손님이 전화를 받지 않는다며 다시 다이얼을 돌렸다. 그 옆에서 우연히 예약 내용이 적힌 노트를 본 선배 장교는 자기 눈을 의심했다.

예약 노트에 적힌 전화번호는 바로 선배 장교의 사무실 번호였던 것이다. 그 번호 옆에는 예약자로 '리히토'라는 일본 이름이 적혀 있었다. 대체 어떻게 된 것인가? 상황을 정리해 보니 예약 과정에 착오가 있었다. 선배 장교가 식당을 예약할 때 '내가 모시는 국장님이 일본 손님들을 모시고 가니 잘 부탁드린다'고 당부하며 이름을 '이희도'라고 말했는데, 식당에서는 일본 손님이라는 말이 인상깊었는지 그 이름을 '리히토'라는 일본식 이름으로 기억한 것이었다. 눈앞이 하얘지는 순간이었지만 결과적으로는 무사히 예약 임무를 완수했으니 천만다행이었다.

의사소통은 서로 메시지를 전달하는 과정이고, 이런

과정에서 언어를 사용된다. 그래서 원활한 의사소통을 위해서는 적절한 단어 선택이 중요하다. 그런데 사투리를 사용한다든지 상대의 말을 임의대로 해석하여 받아들이다 보면 이와 같은 혼란이 일어날 수 있을 것이다. 의사소통의 장애로 인한 오해나 갈등 때문에 불필요한 시간이나 노력, 비용이 발생할 수 있는 만큼 공적인 의사소통 자리에서는 이러한 언어들은 지양하는 것이 좋지 않을까 한다. 꼭 내가 따라가기 어려워서는 아니고 말이다.

대대장 부임 후
제일 먼저 했던 일

2014년에 대법원에서 개명을 허가하는 대표적인 유형을 소개한 적이 있다. 그 예를 보면 '김하녀, 강호구, 조지나, 김치국, 경운기, 구태놈, 방기생, 하쌍연' 등으로 의미나 발음이 속된 것과 관련해 놀림거리가 되거나 안 좋은 이미지를 연상시키는 경우였다. 어떤 사람을 기억할 때 우리는 이름을 가장 먼저 떠올리는데, 이름이 부정적인 이미지를 주는 경우 본인이 굉장히 괴로울 수 있다. 그래서 헌법에서도 이름은 행복추구권이나 인격권과 관련이 있다고 봤던 것이다.

우리나라 남성들은 일정 나이가 되면 의무적으로 징집되어 훈련소나 신병교육대로 입소하게 된다. 입소와 동시에 '100번 훈련병 고성균'이라고 명명되는데, 통상 이름은 생략하고 '100번 훈련병'으로 불린다. 자대에 배치되면 가장 먼저 하는 것 중의 하나가 직속상관의 관등성명을 암기하는 것이다. 그때 암기한 직속상관의 관등성명을 지금까지 기억하고 있는 사람들도 많다. 시간이 흘러 선임이 되면 후임병들이 '김 병장님', 'P 상병님' 하고 부르지만 선임병들은 후임병을 별명이나 그냥 "야!"라고 부르는 경우가 많다. 간부들도 마찬가지다.

예비역들이 간혹 군 복무 경험에 대하여 '노예나 종처럼 취급받았다, 인간으로서 제대로 된 대우를 받지 못했다'고 호소하는데, 이런 감정이 생기는 원인 중 하나가 바로 이름을 제대로 부르지 않기 때문이라고 본다. 무언가 큰일을 할 때 '내 이름을 건다'라는 표현을 하기도 하고, 속담에는 '호랑이는 죽어서 가죽을 남기고 사람은 죽어서 이름을 남긴다'는 말도 있다. 그만큼 이름은 사람의 정체성을 형성하는 중요한 요소이며, 우리가 이 땅에서 사라진 뒤에도 삶의 자취를 세상에 남겨 준다. 그만큼 한 사람의 인생에 있어 이름 몇 자는 적지 않은 비중을 차지한다.

소대장이나 중대장은 병력이 얼마 되지 않고 병사들과 매일 함께 생활하니 크게 노력하지 않아도 짧은 시간 안에 부하 전우들의 이름을 알 수 있다. 반면 대대장은 300~400여 명의 대대원을 이끌다 보니 전체 인원의 이름을 기억하기가 쉽지는 않다. 하지만 나는 대대장 시절에 대대원들의 이름을 거의 다 암기하고 있었다. 일상에서도 누군가 '어이', '거기'가 아닌, 이름을 불러 주었을 때 훨씬 기분 좋게 대화를 나눌 수 있었던 경험이 있을 것이다. 대대장이 대대원들의 이름을 부르는 것이 인격을 존중하고 인간적으로 대우하는, 진정한 소통의 첫걸음이라고 생각했다. 또한 대대장이 그렇게 했을 때 중대장 이하의 간부들 역시 병사들을 보다 인격적으로 대해 줄 것이라 기대했다.

그래서 대대장으로 보직된 후 인사장교에게 가장 먼저 지시한 것은 바로 모든 대대원 사진을 간단한 특이 사항과 함께 건제순으로 대대장실 출입문 왼쪽에 붙이는 것이었다. 그리고 대대장실 문을 열고 나갈 때마다 3~4명의 병사 사진과 특이 사항을 숙지하고, 반드시 그 병사들을 내무실, 식당, 훈련장 등에서 만나 짧게라도 대화를 나누었다. 그 방법으로 대략 2개월 만에 대부분의 병사들 이름을 암기할 수 있었다. 그 이후 전입해 오는 전우들은 최초 면담 시 신상을 파악하여 항상 대대 전우들의 이름을 부를 수 있도록 신경썼다.

유튜브를 시작하면서 내가 대대원들의 이름을 기억한 것에 대해 그들이 어떻게 느꼈는지 알게 해 준 댓글이 있

었다. 내가 3소대장 시절, 같은 중대의 1소대원이었던 박
○○ 전우가 나를 기억하고 댓글을 달아 주었던 것이다.
그 전우는 중대에서 전입신고를 마치고 해안에 있는 1소
대로 가다가 밤이 늦어 우리 소대에서 1박을 하기 위해
들렀다고 한다. 그때 내가 "박○○ 이병!" 하고 이름을 불
러 준 일이 그렇게 고마울 수가 없었다는 것이다. 박○○
전우는 훈련소에 입소하는 순간부터 아무도 자신의 이름
을 불러 주지 않고 그냥 "야!"라고 부르는 데 익숙해지면
서 스스로가 로봇이 된 것처럼 느꼈다고 한다. 그런데 내
가 이름을 부르는 순간 "아, 내가 사람이구나."라는 느낌
을 받았다는 것이었다.

대형 병영부조리 사건이 터지면 군에서는 병사들과의
소통 창구를 마련하겠다고 해결 방법을 모색하곤 한다.
물론 소통 창구를 마련하는 것도 중요하지만, 그것만으
로 충분할까? 더 중요한 것은 장병 간, 특히 간부들이 병
사들을 인간적으로 대하려는 자세이며 나는 그 방법 중
하나가 바로 이름을 부르는 것이라고 본다.

종교철학자 마르틴 부버는 세상에는 '나와 너(I-You)'의
관계와 '나와 그것(I-It)'의 관계가 존재한다고 했다. '나
와 그것'의 관계는 상대를 비인격적인 대상으로 바라보
는 일시적이고 기계적인 관계인 반면, '나와 너'의 관계는

서로가 인격적으로 마주하는 관계이다. 이 세상에 하나뿐인 '나'와 무엇으로도 대체 불가능한 '너'의 유일무이한 관계가 싹트는 것이다.

상대방을 '그것'이 아니라 '너'로 바라보기 위해서는 그 존재의 본질을 마주보고 진정한 관계의 의미를 찾아야 한다. 그러기 위해서는 "내가 그의 이름을 불러 주었을 때, 그는 나에게로 와서 꽃이 되었다."라고 하는 김춘수 시인의 〈꽃〉의 구절처럼 이름이 필요하다. 군대에서도 마찬가지다. 서로 이름을 부르는 것만으로 전우애를 돈독하게 하여 병영부조리를 줄이고, 힘든 군 생활이 긍정적으로 바뀔 수 있으리라고 생각한다. 짧은 이름 몇 글자가 분명 서로의 존재 가치를 인정하고 자존감을 높여 주는 마법 같은 변화를 만들 것이다.

편지 봉투에 넣은 마음의 편지

★
★

병영부조리는 왜 쉽게 척결되지 않는 것일까? 부조리한 일을 부대에 알리고 도움을 받을 수 있는 제도들이 존재하지만, 실제로 그 제도를 활용하기 쉽지 않다는 이야기가 여전히 많다. 폭언, 구타 등의 병영부조리를 고발할 경우 왕따, 기수 열외 등의 부당한 일을 당하고, 고참이 되어서도 후임들에게 무시당하는 2차 피해를 입게 되는 일이 많다는 것이다. 훈련소에서 불만 사항을 종이에 적어 내라고 하더니 나중에는 필적 조회로 누가 썼는지 다 찾더라는 가슴 아픈 경험담도 있었다.

나도 대대장으로 있던 시절 마음의 편지가 원래 취지대로 시행되지 않는 점을 개선하기 위해 고민했던 경험이 있다. 대대장으로 취임한지 며칠 지나지 않았을 때, 인사장교가 두툼한 봉투를 들고 왔다. 무엇이냐고 물어보니 대대원들이 작성한 마음의 편지인데, 주말 동안 정리해서 월요일에 결과를 보고하겠다고 했다.

"아니, 병사들이 대대장에게 보낸 마음의 편지를 왜 인사장교가 정리하지? 인사장교, 네가 내 마음이냐?"
"예? 지금까지 통상 제가 정리하여 보고드렸는데……."
"아니야, 그건 대대장인 내 일이다. 여기에 두고 가라."

어쩔 줄 몰라 하는 인사장교를 내보내고, 주말 동안 400매 이상 되는 마음의 편지를 하나씩 확인했다. 그런데 막상 내용을 보니 별 특별한 이야기가 없었다. 원래 마음의 편지는 누가 썼는지 모르도록 무기명으로 작성하게 되어 있다. 하지만 어차피 필체를 통해 신상이 드러난다는 걸 알기 때문에, 개인의 애로 사항이나 병영부조리에 관한 내용을 솔직하게 적지 못하는 것이다. 결국 크게 문제되지 않는 내용, 특히 중대 관할이 아닌 것들에 대해 쓰다 보니 대개 열악하기 그지없는 대대 면회실 및 취사장, 소각장이나 불친절한 P.X 등 시설에 대한 것이었다.

당시에는 PC가 없었기에 주말이 지나고 직접 A4 용지에 볼펜으로 '대대장 생각'이라는 제목을 적어 양식을 만들었다. 그 안에 대대장 선에서 조치가 가능한 것들은 언제까지 조치하겠다는 구체적인 계획, 상급 부대에 건의해야 하는 것은 향후 어떻게 진행하겠다는 계획, 해결할 수 없는 것들은 그에 대한 설명과 대대원들의 양해를 바란다는 내용을 적었다. 아울러, 워낙 훈련이 많은 부대였기 때문에 항상 병사들이 훈련에 대한 압박감을 가지고 있다는 걸 알고 있었다. 어제 복귀했는데 다음 훈련을 오늘 나가는지, 내일 나가는지 모르니 불안한 것이다. 그래서 다음 훈련에 대한 대략적인 일정과 훈련 장소, 준비해야 할 것, 마음가짐, 또 대대장의 생각과 당부까지 정리했다.

이 내용을 내무실 숫자만큼 복사하여 소대별 내무실 게시판에 부착하도록 했다. 이렇게 대대원들에게 공식적으로 알리지 않으면 나 역시 바쁘다는 핑계로 개선해야 하는 사항들을 흐지부지 넘길 것 같았기 때문이다. 그래서 모든 대대원들에게 공지해서, 스스로 내가 한 말에 책임지도록 한 셈이다.

다음으로는 인사장교와 중대장들에게 마음의 편지를 작성할 때 소대, 중대별로 한 번에 모아 제출하지 말고 개별 봉투에 넣어서 제출하도록 하고, 필요한 병사는 개인 이름을 써도 좋다고 알렸다. 그 전까지는 중대별로 종이를 쌓아서 가져왔기 때문에 눈으로 슥 훑기만 해도 내용이 다 보였다. 봉투에 넣어 익명성을 제대로 보장하면 솔직한 마음의 목소리를 털어놓을 수 있을 것으로 생각해 나름대로 조치한 것이다. 그 후 일부 중대가 개별적으로 편지를 봉투에 넣어서 제출했는데, 웬걸? 봉투를 봉하지 않고 가져왔다. 이래서야 봉투에 넣도록 한 의미가 없었다.

그래서 두 번째 마음의 편지를 받은 뒤, 대대장 정신교육 시간에 대대의 모든 간부와 병사들을 모아 놓고 이런 내용을 교육했다. 앞으로 마음의 편지를 작성할 때에는 개개인에게 봉투를 나눠줄 테니 작성이 끝나자마자 봉투에 넣고 직접 봉하고, 모든 간부는 절대 그걸 보려고 하지 말라는 것이었다. 마음의 편지를 보고 조치 계획 등을 다시 '대대장 생각'을 통해 대원들에게 알리겠다는 이야기도 전달했다.

세 번째 마음의 편지부터 그들의 마음을 제대로 받아볼 수 있었다. 이때부터는 대부분 실명으로 개인 애로 사항을 쓰기도 했고, 감춰져 있던 병영부조리, 혹은 미담 사례도 들어왔다. 그러면 병영부조리는 간부를 통해 처리하도록 하고, 미담은 다음 포상휴가 때 참고하기도 하는 등 마음의 편지가 역할을 다하도록 노력을 기울였다.

편지를 쭉 보다 보니 재미있는 점을 하나 발견했다. 병장들은 '요즘 간부들은 왜 이등병 편만 들면서 병장들만 혼냅니까?'라고 불평하고, 또 이등병들은 '왜 선임병들은 이등병들을 못살게 굽니까?'라고 하소연하는 것이다. 똑같은 상황에서도 위치에 따라 관점이 제각각이라는 생각이 들어, 이를 어떻게 해소해 줄지 고민하며 마음의 편지를 차곡차곡 쌓아놓기 시작했다.

당시 일반 병사의 복무 기간이 26개월, 대대장은 33개월이었다. 즉, 어떤 경우엔 병사가 이등병일 때부터 병장이 될 때까지 대대장이 바뀌지 않는 것이다. 1년쯤 지나여느 때처럼 마음의 편지를 정리하다 보니 모 병장에게서 또 비슷한 내용의 사연이 들어왔다.

요즘 왜 대대 간부님들은 이등병들만 끼고 도는지
모르겠습니다. 선임 병장들은 나쁘다고 하고 말입니다.

대대원들의 이름을 다 알고 있었기 때문에 편지를 쓴병장의 얼굴이 머릿속을 스쳐지나갔다. 혹시나 싶어 과거에 모아 놓은 마음의 편지를 들여다봤는데 역시나 모병장이 이등병일 때 쓴 마음의 편지가 있었다.

대대장님, 우리 중대 소대의 병장들이 이등병들을 너무
괴롭힙니다.

본인이 이등병일 때와 병장이 되었을 때 전혀 다른 입

장을 이야기하고 있는 것이다. 그래서 대대원을 전부 모아 정신교육을 하는 시간에 익명으로 이 2개의 편지를 소개하며 어느 이야기가 맞느냐고 물었다. 병사들 사이에 갑론을박이 벌어졌고, 이어서 내가 사실은 같은 사람이 쓴 편지라는 사실을 밝혔다.

"여러분의 생각은 어떤가? 개구리가 올챙이 시절 생각 못 한다는데, 우리가 그런 것 같지 않은가? 처지가 달라지면서 마음도 달라진 것이다. 너무 내 입장에서만 생각하려 하지 말고, 서로 이해하려고 노력해야 한다."

쉬운 일은 아니지만, 상대방의 처지에서 역지사지로 생각해 보고 서로를 이해하려고 노력한다면 이러한 갈등이 조금 줄어들지 않을까 싶다.

지금 마음의 편지는 스마트폰으로 병사가 대대장에게 바로 보낼 수 있는 시스템이라고 한다. 병영부조리 개선이나 부대 발전을 위한 여러 가지 제도가 있지만 더 중요한 것은 그게 실제로 잘 지켜져야 한다는 점이다. 제도가 있는데도 활성화되지 못하면 그 제도는 없는 것이나 다를 바 없으니 말이다.

몸과 마음을
충전하는 시간

군에서는 장병들의 정서 안정 및 인성 함양을 위해 1인 1종교 갖기 운동을 전개하며 종교행사에 적극적으로 참여하도록 하고 있다. 그러다 보니 부대를 지휘하는 장교는 기본적으로 각 종교에 대한 기본적인 지식을 갖추는 것도 대단히 중요하다. 부하들의 종교 분포를 파악하면 부대 지휘에 도움을 받을 수 있기 때문이다.

나는 육사 입교 전까지 종교가 없었고, 그저 고등학교 때 친구를 따라 절에 가서 연등을 만들거나 시내에 있는 포교당에 몇 번 가본 것이 전부였다. 그래서 육사에 입학할 때 종교를 묻는 질문에 별 생각 없이 불교라고 적었다. 그러다 육사에서 종교를 의무적으로 하나씩 가져야 한다는 규정에 따라 4학년 분대장 생도의 권유(?)로 정식 가톨릭 신자가 되었다. 게다가 육군본부 인사근무과장으로 근무할 때 원불교가 군에 처음 도입되었다. 그때 원불교 군종 마크, 군종교무 복장 등을 제정하는 업무를 통해 원불교에 대한 지식도 추가로 습득할 수 있었다.

이렇게 군대에서는 다양한 종교 활동이 이루어지는데, 그렇다면 군에서 가장 많은 신자를 보유한 종교는 무엇일까? 정답은 바로 '순례교'다. 특정 종파를 고수하지 않고 그때그때 상황에 따라 개신교, 천주교, 불교, 원불교를 찾아가는 것을 말하는 우스갯소리다. 모든 종교에는 교주와 교리, 성가가 있다. 그렇다면 순례교의 교주는 누구일까? 군대를 안 다녀온 사람들도 짐작했겠지만 순례교의 교주는 바로 초코파이다. 교리는 정(情)이고, 순례교의 성가는 바로 "말하지 않아도 알아요~"인 것이다. 예전에는 병사들의 봉급도 적고, 배는 고프고, 햄버거 같은 간식이 일반화되지 않아 무조건 초코파이를 많이 주는 곳에서 종교 활동을 했다는 '웃픈' 이야기가 있다. 지금도 여전히 봉급은 적지만 과거에 비해 피자, 치킨까지 먹거리가 많아져서인지 먹을 걸로 순례하는 경우는 적어진 것 같다.

사실 일부 부대에서 개인의 종교와 무관하게 인원 채우기 식으로 종교행사 참석을 강요하여 문제가 되기도 했다. 내가 대대장을 맡고 마음의 편지를 활성화했을 때도 일요일 오전마다 특정 종교행사에 강제로 참여하지 않게 해 달라는 내용이 많았다. 무슨 연유인가 확인해 보니 대대참모 가운데 독실한 특정 종교 신자가 있었는데, 그 참모가 대대장에게 보고하지 않고 일요일만 되면 중대별로 일정 인원을 해당 종교행사에 참여하게 했던 것이다. 그로 인해 내무반에서 쉬던 병사들은 갑자기 전투복으로 갈아입고 종교행사에 참여해야 했다. 대대장으로서 상황 파악을 한 이후에는 해당 참모가 절대로 그러지 않도록 조치를 취했었다.

길을 걷다 보면 갑자기 모르는 사람이 다가와 "인상이 좋으시네요." 등의 말을 거는 경우가 있다. 나는 인상이 좋지 않아서 그런지 한 번도 들은 적이 없기는 하지만, 보통 '도를 아십니까'로 대표되는 유사 종교 포교자들이 이렇게 길거리에서 포교 활동을 한다. 갑작스럽기도 하고 무언가를 강요하는 태도이다 보니 이를 달가워하는 사람은 거의 없다. 사회에서든 군대에서든 마찬가지다.

살다 보면 외롭거나 힘들 때가 있다. 이때 종교의 힘을 빌려 마음의 안정을 취하는 것도 마음 건강을 관리하는 하나의 좋은 방법이다. 다만 종교의 힘이 제대로 발휘되기 위해서는 종교의 자유를 보장해야 하며, 절대 강요해서는 안 된다. 군대의 종교 활동은 특정 종교와 종교인을

위한 것이 아니라 온전히 장병들이 자신을 돌보는 시간
이다. 기도로 영혼을 충전해서든, 초코파이의 달콤한 맛
을 통해서든 말이다.

존경받고 싶다면
배려하라

　직장생활 중 부장님이나 과장님과 함께 점심을 먹으러 가면 보통 어떻게 주문을 할까? 대개 그 자리에 있는 인원 중에서 가장 직급이 낮은 사람이 높은 직급의 사람에게 메뉴를 먼저 물어보는 경우가 많을 것이다. 그러다 보니 사장님이 크게 한턱 쏠 것처럼 말하고 나서 중국집에 데려가서 짜장면을 먹겠다고 말해 버려 더 비싼 메뉴를 못 시키게 한다는 우스갯소리도 있다. 실제로도 비슷한 상황에 놓여 상사의 눈치를 보게 되는 일이 이따금씩 생긴다.

　사단장으로 취임하고 한 달쯤 지났을 무렵 부사단장, 주임원사, 참모들과 함께 사단복지회관에서 회식 자리를 가졌다. 참고로 부사단장은 사단장보다 계급은 낮지만 임관은 2년 선배인 대령분들이었다. 한창 삼겹살에 소주

잔을 기울이며 식사를 하고 있는데 어느 순간부터 부사단장들과 일부 참모들이 자리를 비우고 여러 번 바깥을 들락거리는 것이었다. 살펴보니 잠시 화장실을 가는 경우도 있었지만, 대부분 담배를 피우러 바깥에 나가는 듯했다. 지금은 법적으로 실내에서 담배를 피울 수 없게 되었지만, 당시에는 실내 흡연이 자연스러웠던 때였다. 사단장인 내가 흡연자였다면 누군가 "사단장님, 담배 한 대 안 피우십니까?" 하고 제안해 그 자리에서 함께 피웠을 텐데, 내가 비흡연자이다 보니 다들 밖으로 나가 슬그머니 담배를 피우고 오는 것이었다. 상황을 파악한 내가 슬쩍 농담처럼 한마디 건넸다.

"아니, 군가에 '한 까치 담배도 나눠 피우는 전우'라고 하는데 의리 없이 혼자들만 피우십니까?"

그러고 담배 한 까치를 얻어 입에 물었다. 담배를 피우는 시늉만 해도 다들 바깥을 들락거리며 불편하게 담배를 피울 필요는 없으리라고 생각했기 때문이다. 덕분에 이후로는 다들 편안하게 앉아서 회식을 이어갈 수 있었다. 얼추 고기를 다 먹고 나니까 담당관이 식사 주문을 받으며 그중 제일 계급이 높은 내게 먼저 뭘 드시겠느냐고 물었다. 밥과 라면 중에서 라면이 먹고 싶어서 라면을 골랐더니, 라면 종류도 물어보았다.

"라면 종류가 다양한가?"
"일반 라면이랑 된장 라면이 있습니다."
"그럼 나는 된장 라면으로 먹을게."

특이한 메뉴 같아서 된장 라면을 주문했다. 그런데 이후 대부분의 인원이 나를 따라 된장 라면을 주문하는 것이다. 이 장교들이 정말 된장 라면을 좋아했던 걸까? 아니면 사단장이 된장 라면을 주문했는데 찌개나 볶음밥을 먹으면 개념 없는 참모 소리를 들을까 봐 그랬을까? 모르긴 몰라도 아무래도 후자인 것 같다.

지휘관이 주관하는 회식은 원래 지휘관을 위한 자리가 아니라 부하들을 격려하기 위한 자리다. 그런데 회식 자리의 주인공인 그들이 먹고 싶은 메뉴도 마음대로 선택하지 못하고 있다는 생각이 들었다. 그 이후로는 식사 자리에 갈 때 절대 먼저 주문하지 않고 가장 마지막에 주문을 했다.

전역한 뒤에도 내가 가장 연장자일 때면 제일 마지막에 주문하는 습관이 있다. 대학에서 강의할 때도 가끔 학생들이나 조교들과 카페에 가면 보통 무엇을 마실지 나에게 가장 먼저 묻는다. 이때 내가 덥석 3,000원짜리 아메리카노를 주문하면 5,500원짜리 레몬에이드를 마시고 싶어도 교수님보다 비싼 메뉴를 주문하기가 망설여질 수도 있다. 맛있는 음료 한잔 마시려다 스트레스를 받는다니 안타까운 일이다. 그래서 "나는 마지막에 주문할 테니 먹고 싶은 것 먼저 주문하라."라고 한다.

별것 아닌 것 같아도 그 모임이 진정 누구를 위한 자리인지 먼저 생각해 본다. 그들을 위해 소소한 배려를 하는 것이 의외로 조직 내의 화합과 단결에 대단히 중요한 요소가 될 수 있다. 특히 누가 누구를 배려해야 하는가? 권력이나 돈, 시간 등을 상대적으로 많이 가진 사람이 덜 가진 사람을 배려해야 한다고 본다. 사장이 직원을, 정치지도자가 국민을 배려해야 하는 것이다. 권위나 지위에 걸맞은 존경을 자아내는 것은 강요가 아니라 바로 배려다.

대대장 아침 굶긴
당번병

    사람이 기본적으로 건강하게 살아가는 데 먹는 것만큼 중요한 것이 있을까? 요즘에는 먹을 것이 워낙 풍족하다 보니 건강이나 다이어트를 위해서 일부러 굶는 경우도 있지만, 배고픈데도 밥이나 시간이 없어서 굶어야 한다면 참으로 서글플 것이다. 규칙적인 식사가 나오는 군대에서도 대대장 때 아침을 굶을 뻔한 일이 있었다.

    1999년 2월 마지막 동계혹한기훈련이 끝나 가던 어느 날이었다. 밤늦게까지 훈련을 하고 숙영지로 복귀하여 취침을 했다. 나는 야외훈련을 나가면 제일 먼저 기상해서 이런저런 일을 처리하곤 했는데, 그날도 일찍 일어나 부대 복귀 후에 해야 할 일들을 정리하다 보니 슬슬 배가 고팠다. 아침 식사 시간이 된 것 같은데 밥 먹으라는 말이 없어 시계를 보니 벌써 때가 지나 있었다.

밖으로 나가서 당번병과 운전병이 있는 천막 입구를 살짝 들춰봤다. 둘 다 한창 곯아떨어진 채였다. 하기야 나보다 더 늦게 잠든 데다가 일주일 내내 야외훈련하며 피로가 쌓였을 테니 못 일어날 만도 했다. 오전에는 좀 여유가 있으니 더 자도록 두자 싶어서, 다시 대대장 천막으로 돌아와 하던 일을 계속했다. 그러자 얼마 뒤에 천막 입구에서 당번병의 목소리가 들려왔다.

"대대장님, 김 아무개 병장입니다."

드디어 밥이 왔구나 싶어 즐거운 마음으로 들어오라고 대답했는데, 천막 안에 들어온 김 병장의 손이 텅 비어 있었다. 있어야 할 식판이 보이지 않는 것이다. 내 밥은 어쩌고? 잠시 둘이서 서로를 멀뚱멀뚱 바라보았다. 우물 거리던 김 병장이 말했다.

"대대장님, 죄송합니다."
"왜?"
"제가 늦잠을 자고 일어나 취사장에 갔더니 이미 모든 음식을 잔반 처리해서 아침밥을 챙기지 못했습니다. 죽을 죄를 지었습니다. 죄송합니다."

순간 '어? 이거 졸지에 아침밥 굶게 생겼네' 하는 생각이 들었지만 한편으로는 이 말을 하기까지 얼마나 많이 고민하고 예행연습을 했을까 싶었다. 내 밥만 없는 게 아니라 당연히 본인과 운전병 밥도 없었을 것이다. 이미 늦은 거, 어쩌겠나 싶어 크게 나무라지 않고 돌려보냈다.

"그래, 알았다. 이따가 점심 때 조금 더 먹지 뭐."

김 병장은 다시 한번 깊게 사과하고 나갔다. 배고픈 속을 달래며 할 일을 계속하고 있는데 잠시 후, 바깥에서 들어가도 되겠느냐는 김 병장의 목소리가 들렸다. 천막 입구가 열리고 옅은 미소와 함께 들어온 김 병장의 손에는 김이 모락모락 나는 밥이 담긴 식판이 들려 있었다. 이미 잔반 처리해서 밥이 없다더니, 갑자기 밥이 어디에서 난 것일까? 의아한 마음에 묻자 김 병장이 다소 주눅이 든 채 설명했다.

"대대장님 아침을 챙기지 못해 죄송한 마음에 근처 민가에 가서 사정을 말씀드렸더니 마침 아침상을 차리던 할머니께서 챙겨 주셨습니다."

지휘소 주변에 민가가 하나 있었는데, 거길 찾아가서

할머니께 밥을 얻어 왔다는 것이었다. 순간 머릿속이 복잡해졌다. 원래 훈련을 나가면 주변 민가에 민폐 끼치지 말라는 교육을 한다. 이것도 엄밀히 말하면 괜한 민폐를 끼친 셈이다. 이 밥을 먹어야 하나, 야단을 쳐야 하나, 어떻게 대응해야 할지, 짧은 순간이지만 결단을 내리기 참 어려운 순간이었다.

머릿속에 치열한 고민이 스쳐갔지만 결국 별 얘기 없이 김 병장이 구해 온 밥을 먹었다. 물론 야단을 칠 수도 있었지만, 따지고 보면 대대 전체에 문제를 끼친 것도 아니고 단순히 늦잠을 잔 실수 때문에 발생한 일이 아닌가. 한 끼 굶는다고 큰일나는 것도 아닌데 나름대로 대대장을 위해 한 행동이었을 것이다. 김 병장도 민가에 가서 밥을 얻어 오기까지 얼마나 많은 고민을 했을 것인가? 아마 그간의 군 생활보다도 더 많은 게 느껴진 순간이었을 것이다. 그 일이 있고 난 뒤 대대장 보직이 끝날 무렵에 김 병장이 내게 편지 한 통을 보냈다.

혹한기 훈련 때 일요일 아침에 제가 늦잠을 자서
대대장님 식사를 민가 집에 가서 타다 드렸었는데
이 잘못은 평생 지니고 있겠습니다!
그때 대대장님이 화를 내셨으면 제 마음이 후련했을
텐데, 좋은 말로 하시니까 더욱 마음이 불안했습니다.

저도 이제 며칠 남지 않은 군 생활 잘 마무리해서
제대하겠습니다.

용서는 그 사람의 잘못을 묵인하는 것이 아니라 앞으로 개선할 수 있도록 기회를 주는 것이라고 한다. 실수를 빨리 용서하고 같은 일이 반복되지 않도록 하는 것이 진정한 성장을 돕는 길인 셈이다. 야단치는 것보다는 김 병장의 실수를 기분 좋게 받아들이고 앞으로는 그런 일이 없도록 교육하는 편이 오히려 큰 가르침이 될 것이라고 생각했다. 다행히도 그 판단은 옳았던 것 같다.

사단장 명령을 거부한
중위의 군 생활

　군대에는 사단장이나 군단장 같은 장성급 지휘관을 보좌하는 일을 수행하는 전속부관이라는 직책이 있다. 그런데 어떤 사단장님이 취임 후에 계속 전속부관을 갈아치우는 일이 있었다. 당시 사단 참모장과 인사참모가 대체 누구를 전속부관으로 앉혀야 하나 고민한 끝에, 나와 친한 동기생을 선발했다고 한다. 이후 동기생의 이야기를 들어 보니 계속 전속부관이 바뀐 이유를 어느 정도 짐작할 수 있었다.

　어느 날은 점심 식사 후 사단장님이 참모를 대동하여 지프차로 예하 부대에 가던 중이었다. 통상 운전병 옆 조수석에 사단장이 앉고, 그 뒷자리에 전속부관이 앉는다. 그런데 식사 후 식곤증이 밀려오는 데다가 에어컨도 없는 지프차 안에 뜨거운 햇볕이 작렬하고 있으니 얼마나 졸리겠는가. 한참 가다 보니 졸음을 참지 못한 사단장님의 고개가 앞뒤로 꾸벅꾸벅 움직였다. 이내 전속부관의 고개도 앞뒤로 움직이기 시작했다. 그런데 잠시 후, 전속부관의 귓가에 사단장님의 퉁명스러운 목소리가 들렸다.

"김 중위! 너 육사에서 수업 시간에 사인, 코사인 배웠어, 안 배웠어?"

전속부관은 깜짝 놀라 잠이 깨 씩씩하게 대답했다.

"예! 배웠습니다!"
"배웠으면 사이클 잘 맞춰서 부딪히지 않도록 해야 할 거 아니야!"

그렇다. 사단장님과 전속부관이 동시에 졸다가 고개 움직이는 사이클이 맞지 않아서 사단장님의 뒤통수와 전속부관 이마가 부딪히는 참사가 일어났던 것이다. 사단장님은 그 말을 남기고 다시 졸기 시작했지만, 전속부관은 얼마나 놀랐을 것인가? 그리고 며칠이 지난 아침, 사단장님이 혼자서 뜀걸음을 하고 있었다. 그걸 본 전속부관은 사단장 경호 차원에서 사단장의 좌로 1보, 뒤로 1보 떨어져 함께 뛰기 시작했다. 그런데 반환점 언저리에 갔을 때 사단장님이 불쑥 입을 열었다.

"김 중위, 너 지금 뭐하냐?"
"예, 사단장님 운동하시는 동안 문제가 없도록 경호 중
입니다."

그러자 사단장님이 미간을 잔뜩 찌푸리며 야단 아닌
야단을 쳤다.

"여기는 경호하지 않아도 되는 구간이고, 또 젊은 장교
가 나처럼 천천히 뛰면 운동이 되겠나? 쓸데없는 짓 하
지 말고 네 수준에 맞는 운동을 해라!"

다소 의기소침해진 전속부관은 시무룩하게 돌아서 먼
저 공관으로 돌아왔다. 딴에는 충성심을 발휘해서 잘 모
시려고 했는데 몰라주니 서러운 노릇이다. 그래서 스트
레스도 풀 겸 사단장님의 전투화와 본인의 전투화를 꺼
내서 반짝거리게 물광을 내기 시작했다. 뿌듯해진 마음
으로 빛나는 전투화를 쳐다보고 있는데 뜀걸음을 마치고
돌아온 사단장님이 그 모습을 보고 칭찬은커녕 또 핀잔
을 주고 가 버렸다.

"너 뭐하냐? 공관병이 할 일을 왜 네가 하고 있어? 쯧."

이래도 혼나고 저래도 혼나는 것이다. 추정컨대 전임 전속부관들도 사단장이 툭툭 내뱉는 말에 위축되어 점점 자신감이 떨어지고, 결국 임무 수행에도 문제가 생기지 않았을까 싶다. 사단장 입장에서는 나름대로 가르치기 위해 던진 말이었겠지만 표현이 거칠다 보니 듣는 사람 입장에서는 훨씬 심각하게 느낄 수밖에 없는 것이다. 다행히 내 동기는 지적을 받을 때마다 주눅이 들기보다는 본인이 왜 그렇게 했는지 꼭 말씀드리는 등 소통하면서 꿋꿋이 버텨 끝까지 임무를 잘 수행할 수 있었다.

내가 중위로 갓 진급했을 무렵, 새로 부임한 사단장님의 전속부관을 선발하기 위해 우리 동기생들을 대상으로 희망자를 조사했다. 그런데 소초장으로 열심히 근무하던 어느 날, 뜬금없이 사단에서 내게 전속부관 면담을 하러 오라는 연락이 왔다. 희망했던 동기생 중에 전속부관을 선발하지 못하였으니 희망하지 않은 나를 마지막으로 면담하겠다는 것이다. 그래서 울진에서 버스를 타고 대구 사단에 도착했더니 참모장님께서 신신당부하셨다. 동기생 중에 전속부관이 선발되지 않아 내가 반드시 전속부관을 해야 한다는 것이었다. 무조건 하겠다고 대답하라는 으름장에 떠밀려 일단 사단장실 문을 노크하고 들어섰다.

아니나 다를까, 사단장님은 이런저런 이유로 내가 전속부관을 했으면 좋겠으니 당장 임무 수행을 시작하라고 하셨다. 나는 할 마음이 없었기에 몹시 당황스러웠지만 용기를 내어 말했다.

"저는…… 할 수 없습니다!"

사실 나는 사단장님과 동향이었는데, 사단장님은 기억하지 못하셨지만 고등학교 친구의 집에서 친구의 아버지를 만나러 오신 사단장님을 이미 뵌 적이 있었다. 동향이라 오히려 더 부담스러워 패기 넘치게 거절을 한 것이다. 2성 장군님이 보셨을 때는 어린 중위 하나가 남들은 다 하고 싶어하는 전속부관을 안 하겠다고 우기고 있으니 얼마나 웃겼을 것인가? 사단장님이 계속 이유를 추궁하시기에 나는 이런저런 변명을 늘어놓다가 급기야 이렇게 말했다.

"저는 전속부관 체질이 아닙니다!"

사단장님이 황당한 얼굴로 대꾸했다.

"나는 처음부터 장군 체질이라서 장군이 되었나? 체질
    이 어디 있어, 그냥 하다 보면 되는 거지!"

  그럼에도 내가 꿋꿋하게 똥고집을 부리자 결국 사단장
님은 허허 웃으며 손을 내저으셨다.

"그래, 알았다. 너는 체질이 아닌 것 같으니까 돌아가서
    소초장 열심히 해라."

  한숨 돌리고 나오자마자 참모장님에게 엄청나게 혼이
났지만 사단장님께 참 감사했다. 만약 사단장님이 강제
로 전속부관을 시키셨다면 과연 내가 그 자리에서 잘 해
낼 수 있었을까? 사단장님께서 미흡한 것이 많은 새까
만 중위의 이야기를 듣고도 웃으면서 내 의견을 받아 주
셨기 때문에 내가 이렇게 군대 생활을 길게 할 수 있었던
것이 아닌가 싶다.

  지금은 나도 소위 말하는 기성세대의 입장이 되었다.
자칫 나이와 경험이 많다는 이유로 내 생각을 강요하기
보다 당시 사단장님처럼 젊은 사람들의 의견을 따뜻하게
포용하고 이끌어 주는 것이 기성세대의 역할일 것이다.
국민 MC 유재석 씨가 "내가 하고 싶은 말보다 상대방이

듣고 싶어 하는 말을 해라."라는 이야기를 했다고 한다. 자칫 남을 들여다보지 않고 자신의 고집만 내세울까 봐 경각심을 느낄 때 한 번씩 떠올려 보게 되는 말이다.

"네 말이 맞다."가
준 감동

대한민국 남성이라면 어릴 때부터 '남아일언중천금(男 兒一言重千金)'이라는 말을 자주 들었을 것이다. 남자의 말 한마디는 천금과 같은 무게가 있다는 뜻이다. 그렇다면 한번 뱉은 말은 절대 주워 담을 수 없는 걸까? 이 말을 잘 못 해석할 경우, 자칫하면 틀린 말을 하더라도 잘못된 고 집이나 아집에 빠질 위험이 있지 않을까?

1997년 7월 하순, 나는 33개월의 대대장 보직을 마치 고 이임식을 앞두고 있었고, 이임식 전날 저녁에는 부대 인근 식당에서 연대장 주관의 회식이 열렸다. 그런데 연 대장님이 막 건배사를 하자마자 식당 사장님이 내게 전 화가 걸려 왔다고 하셨다. 무슨 일인지 전화를 받아 보니 사단 작전참모가 이내 사단장님을 바꿔 주었다. 오늘 보 고한 내용에 잘못된 게 있었나 빠르게 머리를 굴리고 있는데 전화를 받은 사단장님이 대뜸 사과하셨다.

"어이! 재구대대장, 미안하다."

사단장님이 직접 식당에까지 전화해서 사과를 하시다니 대체 무슨 일인가?

상황은 이랬다. 내가 대대장 보직을 마무리할 즈음, 사단장님께서 훈련 경험도 많고 훈련을 제일 잘했으니 다른 대대장들과 초급 간부들이 참고할 수 있도록 훈련 노하우를 책으로 만들어 보고하라고 하셨다. 대대장을 마치기 전 마지막 임무로, 내용이 시원찮으면 대대장 보직을 연장하겠다는 반 협박성 멘트도 붙어 있었다. 그래서 33개월간 축적한 각종 훈련 자료와 일기장 등을 참고하고, 훈련을 잘했던 간부들의 도움도 받으며 꽤 여러 날의 야근을 거쳐 제법 두툼한 교훈집을 완성할 수 있었다. 그리고 이날 오전에 사단장실로 가서 해당 내용을 보고드렸다. 다행히 보고를 받은 사단장님도 매우 만족한 얼굴이었다.

뿌듯한 마음으로 칭찬을 기다리고 있는데, 평소 한자를 강조하셨던 사단장님이 보고서를 찬찬히 들여다보다가 그 안에 쓰여 있던 단어 중 하나인 '교차진지'를 한자

로 써 보라고 하셨다. 내가 아는 단어이니 메모지에 일필
휘지로 '交叉陣地(교차진지)'라고 써서 드렸는데, 대뜸 사
단장님의 미간에 주름이 잡혔다.

"재구대대장, 잘하는 줄 알았는데 한자도 잘 모르고 엉
   터리네!"

  교차의 '차' 자가 잘못되었다는 것이었다. 당시 사단장
실에는 나와 연대장, 사단작전참모, 그리고 그날 사단에
지도방문 나왔던 군사령부 화학과장이 같이 있었는데 우
리 넷은 동시에 당황한 얼굴로 사단장님을 쳐다봤다. 사
단장님은 이번엔 중국어를 전공한 연대장님께 교차진지
를 한자로 써보라고 하셨고, 연대장님은 나와 똑같이 '交
叉陣地(교차진지)'라고 썼다. 그러자 사단장님은 연대장도
엉터리라고 하셨다.

"아니, '교차'면 '車(수레 차)'를 써야지, '叉(엇갈릴 차)'가
   뭐야?"

  이때 나와 연대장이 '엇갈릴 차'를 쓰는 것이 맞다고 몇
번 말씀드렸지만 사단장님은 계속 아니라고 고개를 가로
저으셨다. 꼭 계급에 밀려서는 아니고 마침 점심 시간이

되어서 일단 내가 틀린 것으로 하고 보고를 마쳤다. 분명 내 말이 맞는데 거 참, 의문의 1패였다. 그후 대대로 돌아가려는데 사단장님께서 그동안 수고 많았으니 사단 간부 식당에서 점심이라도 같이 먹고 가라고 권유하셨다. 몇 번 사양하다가 결국 간부식당에 가서 사단장님과 같은 테이블에 앉게 되었는데, 밥 먹는 도중에 사단장님이 농담 삼아 아까 한자에 대해서 또 엉터리라며 놀리듯 말씀하셨다. 그렇게 손 쓸 도리도 없이 의문의 패배가 추가되었다.

식사를 마치고 대대에 돌아왔고, 일과 이후에는 연대 테니스장에서 나의 전출 기념 테니스 대회가 열렸다. 운동을 마치고 연대 인근 식당에서 전출 회식을 막 시작하던 참인데, 바로 그때 사단장님 전화가 걸려온 것이었다.

"어이! 재구대대장, 미안하다."
"네? 무엇이 말입니까?"
"아까 '교차진지' 한자는 네가 썼던 것이 맞다. 내가 잘 못 알았다. 전출 회식 잘하고, 내일 아침 전출신고 때 보자."

사단장님은 그 말만 짤막하게 전하고 전화를 끊었다. 순간 이상하게 가슴이 울컥했다. 전화를 끊은 뒤에 다시

작전참모에게 전화를 걸어 자초지종을 물어보니, 사단장님이 퇴근 후 테니스장에 운동하러 오셨다가 갑자기 옥편을 가지고 오라고 하셨다고 한다. 그리고 뭔가 열심히 찾아보더니 재구대대장에게 전화 연결을 하라고 하셨다는 것이다.

군이 전화해서 정정하지 않으셔도 전혀 문제 될 것이 없는 일이었는데, 끝까지 당신께서 쓴 한자가 맞다고 주장한 것이 아무래도 마음에 걸리셨던 모양이었다. 그냥 넘어갈 수도 있는 일을 굳이 사과하며 부하의 마음을 달래 주신 것에 놀랍기도 하고 감사하기도 했다.

원래 '남아일언중천금'은 말을 함부로 하지 말고 한마디 말에 신중을 기하라는 뜻이다. 사기업은 결정권자들의 판단이 조직의 성과나 이윤으로 직결되기 때문에 잘못 말한 부분을 바로 시정할 수 있겠지만, 군을 포함한 공조직은 성격이 조금 다르다. 상급자 스스로 잘못 말했다는 것을 알고도 말을 바꾸지 않거나, 하급자는 차마 그 부분을 지적하기 어려워 울며 겨자 먹기로 받아들이는 경우도 많다. 그러다 보면 높은 분의 말이나 지시 사항이 잘못되었더라도 어떻게든 이행하려 하다가 문제가 생기거나, 본의 아니게 허위 보고를 하게 되기도 한다. 이는 결국 조직을 멍들게 하는 일일 텐데도 말이다.

한번 뱉은 말을 반드시 지켜야 하는 순간도 있지만, 상급자든 하급자든 잘못된 부분에 대해서는 빠르게 시정하고 "미안하다."라고 말할 수 있는 용기도 필요하다. 사단장님의 사과는 스스로가 뱉은 말을 책임지되, 필요할 때는 이미 한 말이라도 빠르게 주워 담아 사과할 줄 아는 태도를 일깨워 주셨다. 말 한마디는 천금처럼 무겁지만, 이를 올바르게 고칠 줄 아는 태도는 만금처럼 귀중하다.

마지막 물 한 모금
양보하는 마음

남에게 싫은 소리 듣는 걸 좋아하는 사람이 있을까? 상대방이 내게 싫은 소리를 한다는 건 무언가 섭섭하게 만들었다는 뜻인데, 나는 가급적이면 '남으로부터 싫은 소리를 듣지 말자'라는 생각으로 살아왔다. 싫은 소리를 주고받을 일 없는 관계를 가지려면 가장 중요한 것이 '내가 먼저 양보하는 것'이라고 생각한다.

과거에 한 라면 광고가 있었다. 형과 동생이 라면 한 그릇을 두고 서로 "형님 먼저, 아우 먼저."라며 양보하다가, 마침내 아우가 "그럼 제가 먼저."라 말하며 그릇에 젓가락을 가져간다. 그제야 뒤늦게 입맛을 다시며 라면 그릇을 잡으려는 형의 아쉬운 얼굴이 클로즈업된다. 마음과 달리 양보하기가 어렵다는 것을 보여 주는 장면이다. 우리는 어릴 때부터 양보의 미덕을 배우지만 막상 누군가에게 양보한다는 것이 결코 쉽지는 않다.

내가 소령일 때, 육군본부에서 근무하다가 중령 진급 예정자가 되어 강원도 1군 지역 대대장으로의 분류를 앞두고 있었다. 그래서 GOP(General OutPost, 일반전초)를 담당하고 있는 최전방 대대장 자리를 희망한다고 의사를 밝혔는데, 군사령부 인사 실무자로부터 곤란하다는 연락이 왔다. 나와 같은 인사 특기를 가진 동기생들이 이미 전방 사단별로 모두 1명씩 배치되어 있는데 보통 대대장 만료 후 사단 인사참모를 하는 걸 고려하면 나를 전방 사단으로 분류하기는 어렵다는 것이었다. 좀 이해하기 어려웠지만 1군 내에 먼저 있던 장교들에게 보직 우선권을 주는 차원에서 그럴 수도 있겠다고 생각했다. 갈 수 있는 부대가 어디냐고 묻자 36사단과 지금은 없어진 68사단(그 후 23사단)밖에 없다고 했다. 나는 36사단을 희망한다는 의사를 전달하고 전화를 끊었다.

며칠 뒤, 1군 인사 실무자가 곤란한 일이 생겼다며 다시 연락했다. 1군 내에 있던 내 동기생이 뒤늦게 내가 희망했던 36사단 대대장으로 가고 싶어 한다는 것이다. 그래서 그냥 그 동기생에게 양보하겠다고 하고, 그럼 나는 어디로 가면 되겠느냐고 물었다. 그런데 인사 실무자는 난감해하며 마땅히 갈 곳이 없다고 말했다. 지난번에 68사단에 자리가 있다고 하지 않았느냐고 하니, 그곳은 동원사단이라 이전에 육사 출신 대대장이 한 번도 보직된 적이 없는데 괜찮겠느냐고 물었다. 참고로 동원사단은 대대장 보직이 필요하지만 평시 임무가 상대적으로 적었기 때문에 통상 늦게 중령 진급한 장교를 보직했다. 어차피 갈 곳도 없고, 나름대로 보람 있는 근무가 되리라 생각해 그쪽으로 분류하면 가겠다고 말했다.

나는 68사단에 보직되었을까? 결과적으로 못 갔다. 나처럼 1군 외 지역에서 근무하던 동기생이 뒤늦게 내가 희망했던 68사단 해안대대장 자리를 가길 원한다고 다시 인사 실무자의 연락이 온 것이다. 그 동기생도 갈 곳이 마땅치 않을 텐데 육군본부에 근무하는 내가 양보하는 게 맞겠다고 생각하여 또 쿨하게 양보를 했다. 연이은 양보 끝에 결국 대대장 보직을 1년 뒤로 미루고, 소령 직위인 27연대 인사과장으로 보직되었다.

여담이지만 내가 양보한 68사단 대대지역은 1996년에 강릉 무장공비가 침투하여 대대장이 보직해임되었고, 36사단 대대지역은 무장공비 차단작전과 관련되어 문제가 있었다. 양보한 것이 좋은 결과로 이어졌다고 보기 어렵지만, 한편으로는 양보하지 않았다면 내가 보직해임되었을 테니 기분이 오묘했다.

연대 인사과장으로 근무하던 10월 즈음에 대대장 보직 관련하여 연락이 왔다. 11사단 인사참모가 공석인데 대대장을 마친 자원 중에서 그 자리에 갈 사람이 없으니, 대대장 나가기 전에 사단 인사참모를 먼저 할 생각이 없느냐는 것이었다. 지금은 대대장 나가기 전에 사단참모를 하는 경우가 제법 많지만 당시에는 전군에서 거의 유일한 일이었다. 곧 중령으로 진급하는데 소령 직위에 계속 있는 것도 적절치 않아 그렇게 하겠다고 했다.

그 후 화천에서 홍천으로 갈 준비를 하고 있는데, 그 보고를 받은 사단장께서 나와 친분이 없는 분이었는데도 왜 이 좋은 사단을 떠나려고 하느냐며 또 다른 제안을 하셨다. 27사단 정보참모가 곧 공석이 되니 기다렸다가 정보참모를 하라는 것이었다. 그래서 연대 관사에서 사단 아파트로 이사 준비를 했는데 갑자기 육군본부의 선배 중령이 사단 정보참모를 희망한다고 하여 또 그분에게 양보하고 예정대로 11사단 인사참모를 맡게 되었다.

여기서 끝이 아니다. 다음 해에 나는 어느 연대 완전편제대대의 대대장으로 분류되었는데 진급이 1년 늦었던 한 동기생이 같은 연대의 기간 편성 대대의 대대장으로 분류되었다. 그런데 누군가가 인사참모인 고 중령이 늦게 진급한 동기생을 일부러 기간 편성 대대장으로 분류하였다는 말도 안 되는 소리를 한 모양이었다. 당연히 사실이 아님에도 불구하고 나에 대한 험담이 계속 돌아다니고 있었고, 동기생도 못내 불편해하는 눈치였다.

나도 사람인지라 기분 좋을 리는 없지만 내색하지 않고 군사령부에 혹시 다른 사단 아무 대대장이나 갈 곳이 없느냐고 알아봤지만 없었다. 그래서 사단 인사참모로서 사단장님께 전후 사정을 말씀드리고, 조직 화합 차원에서 다른 연대의 대대장으로 보내 주시거나 연대 내에서 동기생과 대대를 맞바꾸어 달라고 건의했다. 사단장님의 답변은 "No!"였다. 군인은 명령에 따라야 하며, 상부의 명령은 간부들의 임무와 능력을 고려한 것이니 그대로 하라는 것이었다. 옳으신 말씀이지만 연대별, 연차별, 출신별 보직 등도 부대 단결이나 개인의 사기에 있어 대단히 중요하니 다시 고려해 달라고 요청했다가 결국 사단장님의 화만 돋우고 끝났다. 그 이후에도 가끔 기회를 봐서 몇 차례 더 말씀드렸지만 허사였다.

최종적으로는 뜻하지 않게 연대를 옮기게 되었다. 1996년 강릉 무장공비 침투사건을 계기로 내가 애초에 요청했던 것처럼 연대별, 연차별, 출신별 보직을 고려하여 다른 연대로 보직된 것이다. 그랬더니 나를 대대장으로 맞이한 연대장님이 오히려 더 걱정하셨다.

"2대대장, 우리 연대는 전부 선배들이라 평정 등에서
불리한 것이 많을 텐데 그걸 다 알면서 여길 왜 왔나?"

"저의 군 생활도 중요하지만 다른 사람의 군 생활도 중
요하고, 무엇보다 조직이 화합하여 임무를 완수하는
것이 더 중요하지 않겠습니까?"

다른 이유보다는 진급을 먼저 한 내가 양보하는 것이
개인과 조직에 도움이 된다는 판단이었다. 그렇게 나도,
그 동기생도 각자의 자리에서 대대장 생활을 잘 마칠 수
있었다.

만약 행군하다가 나보다 더 목말라하는 전우에게 물이
전혀 없을 때, 내 수통에 있는 물 한 모금을 양보하면 어
떨까? 물론 절대 쉬운 결정은 아니다. 하지만 내가 좀 힘
들더라도 더 힘들어하는 전우에게 물 한 모금을 양보한
다면 전우는 그 고마움을 평생 잊지 못할 것이다.

당장은 양보하는 게 손해처럼 느껴질 수 있지만 결코
그렇지 않다. 세상의 문제는 내가 더 많이 갖겠다는 욕심
에서 시작된다. 반대로 한발 양보하는 마음을 갖는다면
서로 싫은 소리를 하고 들을 일도 없을 것이다. 하나의
공동체로 살아갈 수밖에 없는 사회에서, 양보는 어쩌면
모두가 행복하게 지낼 수 있는 필승 비법이 아닐까?

장군의
소신

대령 진급 후 2005년 여름 무렵에 연대장으로 취임하게 되었다. 그때 연대 위병소는 김포공항 인근 지하철역 출구에서 도보 2분 거리에 있었다. 취임 이후 며칠 뒤, 운동을 하려고 저녁식사 후 8시쯤 운동복을 입고 관사와 붙어 있는 연병장에 나갔다. 몇 바퀴 달리는데 느낌이 좀 이상했다. 주변을 둘러보니 방금까지 없던 인원들이 연병장 근처에 서서 나를 지켜보고 있었다. 연병장과 바짝 붙어 있는 연대본부와 대대본부 지휘통제실 쪽에 있던 당직사령들이 나와서 나를 지켜보고 있었던 것이다.

이유는 뻔했다. 연대장이 갑자기 어느 막사나 사무실로 불쑥 들어가서 이것저것 지적하면 골치 아프기 때문에 그런 상황이 벌어지면 신속하게 대처하려고 대비하고 있는 것이다. 이를 깨달은 나는 달리기를 멈추고 조용히 관사로 복귀했다. 그날 이후로는 더 이상 야간에 연병장에 가지 않았다. 내가 연병장에 등장하는 순간부터 야간 당직근무자들과 주둔지에 있는 500여 명의 병사들이 내 행보를 예의주시하느라 스트레스를 받을 것 같았기 때문이다.

운동을 하긴 해야 하는데, 마땅한 장소가 없으니 난감했다. 연대장 관사에 있는 손바닥만 한 마당에서 달릴 수도 없고, 관사도 바로 옆에 있는 5층 아파트에서 완전히 보이기 때문에 반바지에 러닝셔츠 차림으로 나가기도 조금 애매했다. 하지만 문제가 있는 곳에는 문제를 풀 열쇠도 있기 마련이다. 고민하던 중에 우연히 편안하게 달릴 수 있는 장소를 찾아낼 수 있었다. 어느 휴일, 김포공항에 볼일이 있어 갔다가, 그 근처에서 조깅코스를 발견했다. 연대 위병소에서 불과 1km 거리에 있으니 비상 상황에서도 문제가 되지 않을 만한 위치였다. 그 이후로는 그쪽 조깅코스에 가서 자주 달리기를 했다.

어느 날, 곤란한 일이 생겼다. 야간에 부대 안의 관사에서 공항에 있는 조깅코스로 가려면 위병소를 통과해야한다. 야간에 위병소를 통과하려면 무엇이 필요할까? 바로 암구호다. 하루는 위병소를 통과하려다가 초병이 수하(誰何)했는데 답어를 알 수가 없었다. 대대장 때부터 간부들도 반드시 암구호를 숙지하고 다니도록 강조했고,

내가 연대장일 때도 마찬가지로 암구호를 숙지하고 퇴근했는데 그날은 제대로 확인하지 않았던 것이다.

물론 통과할 방법은 있었다. 위병조장 이하 초병들이 내가 연대장이라는 것을 알고 있으니 "연대장이야!"라고 그 자리에 서서 버텼다면 아마 십중팔구 통과시켰을 것이다. 하지만 나는 "연대장인데, 답어를 모르겠네." 하면서 운동을 포기하고 관사로 복귀했다.

그날 이후 병사들 사이에 소문이 났는지, 나뿐 아니라 모든 간부들이 암구호를 숙지하고 다니려고 더욱 노력하게 됐다. 어떤 소령은 암구호를 모르면서 통과하려 억지를 부리다가 연대장님도 지키는데 왜 그러느냐는 힐난을 받기도 하고, 어떤 간부는 암구호를 몰라서 되돌아와 연대 지휘통제실에서 다시 확인하고 나가기도 했다.

애초에 암구호는 피아식별을 위해 존재한다. 평상시에 생활화되지 않으면 실제 상황에서도 잘 될 리가 없다. 실제로 과거 무장공비 침투사건에도 이런 일이 있었다. 도망가던 무장공비가 차단선을 지키고 있는 우리 진지를 유심히 관찰하며 빠져나갈 방법을 고민하다가 아주 손쉬운 방법을 알게 됐다. 깜깜한 밤에 인기척이 나자 차단선 진지에 있던 경계병이 "손들어, 움직이면 쏜다, 화랑!" 하고 문어를 주었는데 통과하려던 사람이 답어는 하지 않고 "어, 간부다."라고 한 것이다. 그러자 경계병이 그 사람을 그냥 통과시켰다. 무장공비는 이후 칠흑 같은 어둠 속에서 수하를 받고 유유히 차단선에서 벗어났다.

연대장이나 사단장을 할 때는 차량으로 이동하는 경우가 많다 보니 전속부관이나 운전병들에게 꼭 암구호를 숙지하도록 했는데 가끔 확인하지 않으면 혼을 내기도 했다. 지금도 암구호를 모르면서 위병소나 진지를 통과하려는 장병, 특히 간부들이 있을 수 있는데 원칙적으로 암구호를 모르면 절대로 통과시켜서는 안 된다. 군이나 사회에서 법규가 잘 지켜지기 위해서는 높은 사람도 결코 예외가 될 수 없다. 오히려 높은 사람일수록 솔선수범하여 지켜야만 법규가 본래의 취지에 맞게 제 기능을 다할 수 있다.

허위 보고가 불러온
나비 효과

　요즘 수많은 정보가 쏟아지는 만큼 거짓된 내용도 많다. 허위 정보 때문에 곤혹을 치르기도 하고 확인되지 않은 소문이나 조작된 영상 등으로 심각한 범죄가 발생하기도 한다. 기술이 발전하고 정보 전달 속도가 빨라질수록 이는 우리 사회가 꼭 해결해야 하는 과제 중 하나일 것이다. 군대에서는 정보 하나하나가 긴박한 전시 상황 중 작전에 영향을 미쳐 여러 사람의 목숨이 오갈 수도 있기 때문에 허위 보고를 하지 않는 것을 매우 중요시한다. 그런데 실은 소위 시절, 나도 허위 보고 때문에 곤혹을 치른 적이 있다.

　소대장 취임 다음 날 아침, 첫 지휘보고 시간이 찾아왔다. 1, 2소대장이 먼저 보고하고 3소대장인 내가 마지막으로 지휘보고를 마치자 중대장님이 내일은 지휘보고에 음어 연습 결과를 포함하라고 하셨다. 그때까지만 해도 음어가 뭔지도 잘 몰랐어서 지휘보고를 마치고 나와 내무반장에게 물었다. 내무반장은 '음어는 무전기를 사용할 때 보안을 위해 쓰는 문자·숫자·기호 등으로 구성된 표'라면서 교육용 음어를 보여 주며 음어경연대회가 있다는 설명도 덧붙였다. 음어경연대회의 합격 기준이 무엇이냐고 했더니 5분 이내에 100어 수를 각각 조립 및 해역해야 한다고 했다. 조립은 뭐고 해역은 또 뭐란 말인가? 들어 보니 조립은 한글 문장을 세 자리 숫자로 바꾸는 것이고, 해역은 반대로 세 자리 숫자를 한글 문장으로 바꾸는 것이었다.

일단 내용은 파악했고, 오전 근무취침(야간 순찰근무 후 취침하는 것)을 마치고 그날 하루도 열심히 근무를 끝마쳤다. 다음 날 아침에도 어김없이 지휘보고를 준비하고 있는데 상황병이 나를 일깨워 줬다.

"소대장님, 지휘보고 시 음어 연습 결과를 보고하셔야 합니다."

아차, 음어 연습! 경황이 없어 미처 음어 연습을 하지 못하고 까맣게 잊어버린 것이다. 어쩌겠는가. 꼼수를 쓰기로 했다. 나보다 선임이고 경험이 있는 1, 2소대장이 지휘보고 시 음어 연습 결과를 보고하면 나는 거기에 몇 분을 더 붙여서 보고하기로 한 것이다.

그런데 중대장님이 내 꼼수를 알아차리신 걸까. 오늘 따라 3소대장부터 보고하라고 하셨다. 순간 당황한 마음을 감추며 우선 일상적 지휘보고를 끝마치자 중대장님이 "음어 연습 결과는?" 하고 물으셨다. 열심히 머리를 굴려 봤다. 합격 기준이 5분이라고 했는데, 나는 초보니까 5분은 어림도 없을 것이다. 그래서 적당히 시간을 붙여서 조립과 해역을 각각 8분 내외로 보고했더니 전화기 너머로 중대장님의 즐거운 목소리가 들렸다. "와우, 선수네!" 선수……? 당황한 채 다른 소대장들의 음어 연습 결과를 들어 보니, 2소대장은 12분, 1소대장은 13분 내외였다. 그 순간 내 머릿속에 떠오른 문장은 하나였다. 망했다.

불길한 예감은 틀리지 않았다. 중대장님은 3소대장이 음어에 소질이 있는 모양이니, 오후에 소대에 와서 실력을 한번 보겠다고 하셨다. 허위 보고를 한 대가가 무시무시했지만 어쩌겠는가? 일단 오전 근무취침을 생략하고 벼락치기로 음어판 암기를 시작했다. 시간이 쏜살같이 흘러가고 오후에 중대장님이 오토바이를 타고 초소에 도착했다. 결과는 어떻게 되었을까? 내 기억에 당시 7분 30초 내외로 조립과 해역에 성공했다. 덕분에 나는 얼떨결에 중대 대표까지 되어서 얼마 뒤 대대 음어경연대회에 나가게 됐다. 대회 기록은 약 5분대로 장교 중에서 1등이었다. 진짜 숨겨진 소질이라도 있었던 것인가.

그리고 나서도 대대장님은 가끔씩 나와 대대 인사장교, 통신장교 3명을 집중적으로 경쟁시켰고, 어느덧 우리의 음어 실력은 3분대에 진입해 있었다. 그 상태로 연대 경연대회 1등에 이어 사단 대회에서도 장교 중 1등을 거머쥐었고, 정신을 차려 보니 사단의 음어 대표 선수가 되어 있었다. 나름대로 만족할 만한 성과였지만 아직 끝나지 않았다. 이제 군사령부 대회가 남아 있었다. 대회를 준비하기 위해 장교 1명과 부사관 1명, 병사 5명이 한 팀이 되어서 한 달간의 합숙을 시작했다.

합숙 첫날, 사단 정보참모님이 우리를 불러 모아 앞으로의 계획을 비장하게 설명하실 줄 알았는데 생각지도 못한 말씀을 하셨다.

"고 중위! 네가 알아서 통제하고 연습해라. 필요한 것 있으면 얘기하고!"

알아서 하라니! 엄청난 지침을 주면서 혹독한 훈련을 시킬 것이라는 예상과 전혀 다른, 뜻밖의 말씀이었다. 이미 우리가 사단 최고의 음어 박사니까 충분히 알아서 실력을 향상시키라는 의미 같았다. 다소 부담스럽기도 했지만 한편으로는 우리를 믿고 맡긴다는 과감한 계획에 신선한 충격도 느꼈다.

일단 작년 군사령부 대회에 참가한 경험이 있는 병사들에게 물어보니, 사단까지는 육군에서 배포한 음어판을 그대로 외우면 되지만 군사령부 대회부터는 음어판의 단어 순서를 바꿔 버린다고 했다. 그렇다면 승패는 음어판의 단어를 얼마나 빨리 찾는가에 달려 있는 것이다. 육사 졸업 전에 잠깐 배웠던 속독술이 생각나서, 우선 팀원들에게 속독술 훈련을 시켰다. 속독술을 연습하니 나름 성과가 있어 나는 3분대에서 2분대로 진입할 수 있었고, 병사들은 벌써 1분 30초 내외까지 기록했다.

문제는 해역보다 한글을 숫자로 변환시키는 조립 과정에서 상대적으로 시간이 많이 걸린다는 점이었다. 이 시간은 어떻게 단축할지 고민이 시작됐다. 그러다 떠오른 것이 우리나라 최초로 100만 권 이상 팔린 베스트셀러 《인간시장》이라는 소설이었다. 그 책은 당시 5권까지 나와 있었는데, 굉장히 재미있기 때문에 빨리 읽는 데 도움이 될 것이라고 생각했다. 사단 정보참모님에게 5권을 모두 사달라고 건의하자 묻지도 따지지도 않고 즉시 책을 구입해 주셨다. 아니나 다를까, 다음 내용이 궁금해서 빠르게 읽다 보니 한글을 숫자로 전환하는 조립 시간이 눈에 띄게 단축되었고 그중에서도 내가 제일 큰 효과를 봤다. 드디어 1분대에 진입한 것이다. 그 이후로는 음어 자판을 완전히 암기해서 일상적인 대화를 할 때도 한글 대신 암호화된 숫자를 쓰기로 했다. 이를테면 "점심 먹자!"라는 말을 "156, 345, 019"로 바꿔 말하는 것이다. 군사령부 대회에 나가기 전까지 나의 최대 기록은 1분 27초였다.

이렇게 밤낮없이 훈련하여 야심차게 준비했지만 아쉽게도 군사령부 대회에서는 우승하지 못했다. 우리도 훌륭했지만 더 훌륭한 선수들이 많았던 것이다. 사단으로 돌아오는 버스를 탔는데 모두들 시무룩한 기색이 역력했다. 게다가 참모님의 눈치가 안 보일 수가 있겠는가? 한 달 동안 열심히 후원해 주셨는데 좋은 결과를 얻지 못했으니 참모님의 눈치가 보이고, 참 죄송스러웠다. 하지만 참모님은 우리를 쓱 둘러보더니 시원하게 말씀하셨다.

"자, 지나간 건 잊어버리고, 가면서 짜장면이나 한 그릇씩 먹자!"

갑자기 참모님이 무척 멋있어 보였다. 꼭 짜장면을 사주셔서 그런 건 아니고……. 사실 아무것도 모르는 중위에게 알아서 훈련해 보라며 전적으로 권한을 위임해 주시는 것이 쉬운 일은 아니다. 참모님 입장에서도 위에서 꼭 우승해야 한다는 압박과 스트레스를 받았을 텐데, 아랫사람을 믿고 그들이 역량을 마음껏 펼칠 수 있는 환경을 만들어 주신 것이다. 이는 내가 훌륭한 리더십이 무엇인지 배울 수 있는 기회가 되기도 했다. 참고로 이분은 훗날 최초로 육군 3사관학교 출신의 대장이 되셨다.

내가 음어 연습을 했다는 허위 보고로 촉발된 일이 눈덩이처럼 커지기는 했지만 맛있는 짜장면 한 그릇으로 잘 마무리되어서 천만다행이었다. 이 일을 계기로 절대로 허위 보고를 하면 안 된다는 것을 뼈저리게 체감하고 군 생활 내내 그런 일이 없도록 많이 노력했다. 또한 언행에 대한 책임을 반드시 져야 한다는 것도 다시 한번 깨달았다.

고속도로 휴게소에서 만난 사단장

지난 2020년 6월, 이런 뉴스가 보도된 적이 있었다. 군 당국이 해안 레이더와 감시 카메라 등으로 밀입국 선박을 수차례 탐지했으나 레이더 운용병이 이를 낚싯배나 레저용 보트 등으로 판단하여 보고조차 이루어지지 않았다는 것이다. 군에서 어떤 일이 생겼을 때 보고 지연과 누락 등으로 문제가 되는 경우가 종종 있는데, 당시 나도 이 내용을 보고 실망을 금치 못했던 기억이 있다. 반대로 보고 끝판왕이라고 해도 좋을 만큼 멋진 병사를 만났던 적이 있다.

전남·광주에서 사단장을 하던 시절, 휴가를 나와서 용인 집에 도착해 쉬고 있는데 휴대폰이 울려서 보니 사단 예하의 모 연대장이었다. 사단장이 휴가인 것을 아는데도 연대장이 전화를 걸어왔다면 이는 통상 부대에 좋지 않은 일이 일어났을 가능성이 높았다. 내심 긴장된 마음으로 전화를 받았는데 연대장의 목소리가 생각보다 밝았다.

"충성! OO 연대장입니다."
"어, 그래. 웬일이야? 무슨 일 있나?"
"사단장님, 고맙습니다."
"갑자기 뭐가? 무두절이라 고맙다는 것인가?"

뜬금없는 말에 고개를 갸웃하며 농담을 건넸다. 무두절(無頭節)은 말 그대로 두목(頭目)이 없는 날로, 직장으로 치자면 상사가 자리를 비운 날을 말한다. 상사가 휴가를 가면 출근하는 마음이 한결 가벼운 것처럼 군대도 다르게 없다. 사단장이 웃으면서 말했다.

"그게 아닙니다. 오늘 휴게소에서 저희 연대 병사를 격려해 주셔서 고맙습니다."
"어, 연대장이 그걸 어떻게 알았어?"
"예, 그 병사가 안양 집에 도착하자마자 바로 보고해서 알게 되었습니다."

그 말을 듣고 감탄이 절로 나왔다. 내가 집에 도착하기전, 광주에서 서울로 가는 호남고속도로를 달리다가 익

산 고속도로 휴게소 화장실에 들렀다. 용변을 볼 때 옆에 전투복을 입은 병사가 있었는데 손을 씻고 화장실을 나오니 아까 그 병사가 다시 보였다. 혹시나 하고 살펴보니 좌측 어깨에 제31보병사단 마크가 떡하니 붙어 있었다. 우리 충장부대 전우를 고속도로에서 만나다니, 얼마나 반가웠는지 모른다.

그 병사에게 다가가 반갑게 악수를 청하니 병사가 날 알아보지 못하고 멈칫했다. 내가 사단장이라고 소개하자 깜짝 놀란 병사와 악수를 하고 어깨를 두드리며 어디 가느냐고 물어보니 안양에 있는 집에 간다고 했다. 정기휴가인가 했더니, 일전에 밀입국하는 소형 배를 레이더로 포착하고 상황 조치를 잘하여 경계근무 유공으로 받은 포상휴가라고 한다.

사실 레이더 운용병이 밀입국선을 인식하지 못하는 것은 문제가 맞지만, 레이더로 소형 선박을 식별하기가 쉬운 일은 아니다. 밀입국선의 경우 통상 길이 4m, 폭 1.5m 규모의 작은 모터보트인데다 레이더에 잘 표시되지 않는 FRP 재질로 건조되기 때문이다. 그럼에도 국가 중요시설이 있는 우리 지역의 레이더 기지 운용병들이 연구와 훈련을 거듭하며 소형 선박까지 잘 확인하고 조치하여 군사령관 및 사단장 표창을 받은 적이 있었다. 바로 그 일로 포상을 받은 병사를 우연히 만난 것이었다.

너무나 대견한 마음에 주섬주섬 지갑을 열어 집에 갈 때 고기라도 사들고 가라고 용돈 5만 원을 건네주었다. 이내 병사는 고속버스를 타고 출발했는데, 안양 집에 도착하자마자 사단장을 만났다는 사실을 지체 없이 소대장에게 보고한 모양이었다. 그리고 소대장은 중대장에게, 중대장은 대대장에게, 대대장은 연대장에게 보고를 했고 연대장이 사단장인 내게 전화한 것이었다. 평소에도 경계근무를 칼같이 서서 밀입국선을 잡아내고 상황보고를 했던 병사는 휴가 중에도 다르지 않았다.

도산 안창호 선생님은 이런 말씀을 하셨다. "책임감이 있는 이는 역사의 주인이요, 책임감이 없는 이는 역사의 손님이다." 자신에게 주어진 책무를 소홀히 하지 않고 훌륭하게 다한 그 병사는 지금도 사회 어디에선가 책임을 다하는 민주시민으로 열심히 살고 있으리라 생각한다. 인생의 주인이자 역사의 주인으로서 말이다.

순찰이
감시가 되지 않도록

　내가 GP 중대장을 하던 시절에 GOP를 담당하는 어느 중대장이 보직해임된 일이 있었다. 사유는 두 번에 걸쳐 순찰 관련 허위 보고를 한 것이었다. 중대장이 야간 GOP 순찰을 하지 않은 채 대대 지휘통제실에는 순찰했다고 허위 보고를 하고 중대일지에도 허위로 기재토록 하였는데, 이 사실이 연대장님에게 보고되어 1차 경고를 받았다고 한다. 이후에 연대의 전 중대장들에게 순찰시계를 구입하여 활용하도록 했는데, 이 중대장이 직접 순찰을 하지 않고 행정병에게 순찰시계를 체크하도록 하여 행정병이 이 사실을 신고한 것이었다. 간부로서 자격 미달이 아닐 수 없는 사례였다.

　순찰의 사전적인 의미는 '두루 돌아다니면서 사정을 살피는 것'이다. 군에서는 초소와 초소 사이의 경계 공백을 메우고 경계 시설과 근무자에 대한 안전 등을 점검하는 목적으로 이루어지고, 또 산업 현장 등에서는 각종 안전사고와 범죄를 예방하기 위해 실시되고 있다. 이렇듯 경계근무 공백과 안전 위해 요소를 예방한다는 중요한 목적이 있는 만큼 반드시 근무명령서나 규정, 지침 대로 순찰이 이루어져야 한다.

그런데 군에서의 순찰은 때때로 경계근무자가 졸지 않는지 근무 태도만 점검하는 것으로 변질될 때가 있다. 그러면 경계초소 근무자가 적이나 위해 요소를 경계하는 것이 아니라 오히려 후방이나 측방에서 접근하는 순찰자를 경계하는 웃지 못할 상황이 발생하기도 한다. 순찰의 본래 의미를 잃어버리고 과도하게 시행되거나 순찰 그 자체가 하나의 목적이 되어 버리는 순간이다.

내가 사단참모로 보직되었을 때 아침 상황보고 시 당직사령이 제일 먼저 보고하는 사항은 바로 각 대대장들의 전일 야간 대대 순찰 결과였다. 우리가 철책을 지키는 사단도 아닌데 왜 순찰 결과를 보고하나 싶어 다른 참모에게 물어보니, 대대장들이 부대관리에 얼마나 관심이 있는지 확인하기 위해 사단장님이 지시한 사항이라고 했다. 하지만 대대장이 퇴근 이후 순찰을 다니는 것도 못할 일이고, 또 대대장이 순찰하는 동안 내무반이라도 둘러볼 텐데 병사들은 얼마나 불편할 것인가? 점검할 때는 제대로 하고 쉴 때는 푹 쉬어야 하는데, 이도저도 아니라는 생각이 들었다.

　게다가 순찰시스템에는 황당한 맹점이 있었다. 2~3주 가량 지켜보니 대대장들이 일주일에 평균 한두 번은 순찰하는 것 같은데 유독 어느 대대장의 순찰 횟수가 많았다. 참 부지런하고 사단장의 지시 사항에 충실하다고 생각했는데, 막상 사단 부대를 돌아보고 나니 그 이유는 다른 데 있었다.

　보통 대대장 관사가 부대 밖에 있거나 부대와 담을 공유하고 있어서 위병소 외에 별도의 관사 출입문이 있다. 그런데 그 대대장의 관사만 부대 울타리 안에 있었고, 별도 출입문이 없어서 외출할 땐 반드시 위병소를 이용할 수밖에 없는 구조였다. 대대장 순찰은 대대 위병소 출입 일지를 기준으로 집계하다 보니, 대대 위병소 밖으로 나갔다 들어 와야 순찰이 인정되었다. 다시 말해 관사에서 내무반으로 바로 가면 순찰로 집계되지 않으니 그 대대장은 하릴없이 위병소 밖으로 나갔다 들어오다 보니, 운동하거나 회식하고 들어오는 것까지 순찰로 집계되고 있었다. 이러니 다른 대대장보다 순찰 빈도가 높을 수밖에 없었다. 해당 업무를 관장하는 참모에게 잘못된 것 아니냐고 의견을 제시했지만, 사단장 지시라며 별다른 변화 없이 이어지다가 얼마 뒤 사단장 교체로 결국 없어지긴 했다.

세월이 흘러 내가 연대장으로 보직되고 한 달 뒤, 군단에서 전반기 성과분석회의를 진행했다. 회의록에 전반기 각 연대장의 순찰 현황이 있는데 군단장님께서 순찰 횟수가 1~3위인 연대장들은 근무를 잘하는 지휘관이라고 칭찬하고 반대로 횟수가 적은 연대장들은 더욱 분발하여 상위에 놓일 수 있도록 각성하라는 말씀을 하셨다. 나는 2위였지만 이에 대해서 할 말이 있었다. 전임 연대장이 순찰을 많이 한 것은 어떤 사고의 후속 조치 때문에 수시로 현장에 갈 수밖에 없었기 때문이다. 부대마다 경계근무 지역이나 사정이 다른데 단순히 순찰 횟수로 연대장의 근무 상태를 논하면 지휘관과 부하들에게 또 다른 스트레스가 될 수 있다. 대신 규정된 순찰을 제대로 하지 않아 문제가 생기면 그 책임을 묻는 것이 옳지 않은지에 대해 말했다. 내가 이런 의견을 조심스럽게 개진하자 회의장 분위기는 말 그대로 '갑분싸'가 되었다. 하지만 결국 군단장님도 내 의견을 이해하셔서, 순찰은 연대장들이 알아서 하고 책임지는 것으로 마무리되었다.

또 몇 년이 흘러 내가 사단장에 취임한 후, 첫 아침 상황보고를 받기 위해 지휘통제실에 들어가니 어김없이 각 연대장 및 대대장의 순찰 현황이 화면에 띄워져 있었다.

15년 전, 사단 인사참모할 때랑 똑같다고 생각하며 이것을 왜 보고하느냐고 물었다. 군사령부에서 연대장 야간 순찰 현황을 매일 보고하라고 하여, 연대장은 물론 대대장 순찰 현황도 함께 파악해 보고하고 있다고 한다. 일단 알았다고 하고 별도로 지침을 내렸다. 연대장 순찰 현황은 군사령부 지시 사항이니 군사령부에 보고하되 내일 아침부터 사단장에게는 보고하지 말고, 대대장 순찰 현황은 파악하지 않아도 된다고 말이다.

상급 지휘관 입장에서 지휘관 순찰 현황을 보고받는 것은 지휘관으로 하여금 반강제적으로라도 각종 경계근무나 부대관리에 관심을 두도록 하여 문제를 사전 예방하겠다는 의도에서 비롯된다. 하지만 나는 그 밑바탕에 부하를 믿지 못하는 마음이 있다고 생각한다. 연대장이나 대대장들도 직업군인으로서 책임감을 갖고, 자발적으로 부대관리를 위해 노심초사하고 있는데 이를 의무화하다 보면 오히려 원래 목적을 잃고 기계적인 행위가 되어버릴 수 있을 것이다.

물론 일부 지휘관의 경우 본연의 임무를 제대로 이행하지 않는 경우도 있다. 하지만 그 소수 때문에 전체를 신뢰하지 않는 듯한 지시를 하는 것은 군 조직에 절대로 도움이 되지 않는다고 본다. 상급 지휘관이 부하를 믿지 않고 독불장군식 결정을 밀어붙이다 보면 군 간부가 자발적인으로 임무 수행을 하지 않고 매우 수동적으로 행동하는 결과로 이어질 수 있다. 모든 임무는 반드시 원래 목적에 맞게 이루어져야 한다. 눈 가리고 아웅하는 식으로 임무 수행 횟수만 채워서는 안 될 것이다. 무신불립(無信不立), 믿음이 없으면 바로 설 수 없다는 말처럼 상하 간의 믿음을 바탕으로 권한 위임이 이루어질 필요가 있다.

무엇을 위한
불시점검인가

사단 인사참모를 하고 있을 때였다. 어느 날 퇴근 후에 막 저녁식사를 마치고 느긋하게 쉬려는데 부대 전화기가 울렸다. 각종 사고를 관장하는 인사참모 입장에서 부대 전화의 벨 소리는 항상 긴장될 수밖에 없다. 또 무슨 일이 있나 싶어 급히 전화를 받으니 사단 당직근무자였다. 다행히 사고 소식은 아니었고, 참모장께서 20시 30분까지 사단참모와 보좌관들 모두 지휘통제실로 집합하라고 지시하셨다는 것이었다.

일단 서둘러 전투복을 입고 지휘통제실에 도착했다. 모이긴 했는데 아무도 영문을 몰라 서로의 얼굴만 멀뚱히 바라볼 뿐이었다. 전원이 집합하고 나니 드디어 참모장께서 등장해 집합시킨 이유를 말씀해 주셨다. 참모와 보좌관이 각 1명씩 조를 편성한 후, 조별로 각 대대 및 직할대 2~3개씩 맡아 부대관리 실태에 대한 불시점검을 하여 내일 오전에 그 결과를 사단장님께 보고드리라는 이야기였다. 이는 새로 부임한 사단장님이 향후 부대 지휘를 위한 업무 참고용일 뿐 이번 불시점검 결과에 대해 지휘책임을 묻지는 않을 것이라고 덧붙이셨다.

전반적인 부대관리에 대해 참모 책임이 있는 나로서는 꼭 이렇게 해야 하나 싶었지만, 지시 사항인 만큼 내 보좌관과 함께 할당된 첫 번째 대대의 1중대 행징만으로 향했다. 놀란 당직사관이 서둘러 보드판을 이용하여 씩씩하게 총기 현황 등 몇 가지를 보고했다. 확인해 보니 실물과 일부 차이가 있었지만 문제가 될 수준은 아니고 생각의 차이에 따른 오류 정도였다. 다만 그 외에 열쇠 관리, 부대일지 등 다른 부분에 다소 문제가 있었다. 보좌관은 이것들을 하나하나 열심히 메모했고 그것을 지켜보는 중대 당직사관은 점점 실의에 빠진 얼굴이 되었다.

보좌관의 메모가 다 끝난 후 '이제 죽었다……'라는 표정이 역력한 중대 당직사관에게 지적이 아니라 지도하는 것이고, 상급 부대 지침이 너무 많거나 부정확해서 발생한 부분도 있으니 시정하면 된다고 다독여 주었다. 그리고 다음 2중대에 가기 전에 담배 한 대를 피우고 있을 테니, 그 사이에 2중대 당직사관에게 전화해서 지적받은 것들을 알려 주라고 해 대비할 시간을 주었다. 잠시 후

2중대 당직사관에게 가서 슬쩍 물었다.

"다 조치했나?"
"예, 1중대로부터 연락받고 조치했습니다!"

2중대에서도 추가로 몇 가지를 확인하고, 다음으로 옆에 있는 대대로 갈 테니 전화로 해당 대대에도 지적받은 것들을 전하라고 한 뒤 천천히 이동했다.

이렇게 다소 느슨하게 불시점검을 진행한 이유는 다른 군은 어떤지 모르겠지만 육군의 경우 육군규정이나 상급부대 지침에 따라 대대장 이하 간부 업무량이 지나치게 많기 때문이다. 매일, 주간, 월간별로 면담, 총기 및 탄약 낱발 실셈, 탄약고 점검 등 주어진 업무를 다 하려면 하루 24시간을 다 써도 부족할 정도다. 한때는 매 교육 시작하기 전 특별정신교육, 위험예지훈련, 태권도, 제식훈련 등을 각각 5분 이내로 간단히 교육하라는 지시도 많았는데 막상 모아 보면 한 시간이 될 정도였다. 나는 이런 것들이 상급 부대에 의한 부조리라고 생각했다.

다음 대대에서도 동일한 방법으로 점검을 마쳐 복귀한 뒤, 보좌관에게 단순 실수로 생긴 문제는 다 제외하고 연대나 사단, 혹은 더 상급 부대에서 조치해야 할 것들 위주로 간략하게 보고서를 작성하도록 했다.

나중에 들으니 간밤에 있었던 불시점검 때문에 사단의 모든 대대장과 직할대장들이 비상이었다고 한다. 해당 참모나 보좌관에게 전화하여 지적 사항을 좀 빼 달라고 사정사정한 곳도 많았다. 나에게도 대대장 2명이 전화를 했지만 크게 걱정하지 말라고 달랬다. 다음 날 오전, 사단장실에서 보고가 시작됐고, 조별로 어젯밤 둘러본 불시점검 결과를 보고하기 시작했다.

각 조 참모들은 신임 사단장님께 눈도장을 확실히 찍을 작정인지 지나치게 소상한 내용까지 하나하나 보고하고 있었다. 어젯밤 당직근무를 선 초급 간부들이 얼마나 시달렸으며 아침에 이를 보고받은 대대장들은 이 순간에도 얼마나 불안해하고 있을까 싶었다. 그러다 보니 조별 보고가 이어지는 동안 사단장님께서는 사단의 부대관리 실태에 문제점이 많다고 생각하시는 것 같았다. 마지막으로 내가 보고할 차례였다.

소소한 지적 사항이 있었지만 어려운 가운데 각 대대에서 잘하고 있다는 큰 맥락에서 보고를 진행했다. 초급 간부들이 잘 몰라서 발생한 사항들에 대해서는 관련 규정과 지침을 교육하거나 시정 조치를 하였다고 했다. 이후, 인원 부족 문제나 야간 당직사관 목에 대책 없이 주렁주렁 매달려 있는 열쇠 뭉치 문제 등 상급부대 지침이나 지원과 관련한 문제 위주로 보고를 마쳤다. 그러자 사단장님은 이게 웬 생뚱맞은 보고인가 하는 눈으로 나를 멀뚱히 쳐다보셨다.

나는 '예하 부대가 아무리 부대관리를 잘해도 상급 부대 경험이 많은 참모들이 점검을 나가면 초급 간부들의 업무에는 당연히 빈틈이 보이기 마련이다. 예하 부대에 그에 대한 책임을 묻는다면 부대의 지적 사항은 영원히 해결되지 않을 것이다. 따라서 상급 부대는 예하 부대의 어려운 실태를 파악하고 거기에 맞게 관리해야 하며, 상하급 부대 간 인화 단결을 위해 이 보고가 사단장님이 해당 대대나 대대장을 보는 선입견으로 남지 않았으면 좋겠다'라는 내용의 사족까지 달았다. 평소 사람 좋기로 소문난 참모장님도 조금 난처한 표정을 지었다. 그 이후 아침 상황보고 때마다 사단장님은 왜 맨날 특별한 것이 없다고만 하느냐며 내게 핀잔을 주기도 했다. 물론 한 달쯤 지나고 나니 그런 오해는 어느 정도 풀렸지만 말이다.

지금도 많은 군 상급 부대나 지자체 등의 공기관에서 이런저런 명목으로 예하 조직을 지도방문하고 있을 것이다. 기본적으로 지도방문은 예하 조직의 잘못을 바로잡되, 원활한 임무 수행을 위해 상태를 점검하며 지원하는 것을 목표로 해야 한다. 지도방문의 목적을 잊고 검사하는 행위에만 집중한다면 임무가 아닌 스트레스를 주는 요소에 그칠 수 있을 테니 말이다. 업무체계의 실질적인 발전과 개선을 원한다면 본래의 목적에 맞는 지도 방법을 찾아야 한다.

사단장이 부대에 방문하는 진짜 이유

사단장이 부대에 방문한다는 소식이 전해지면 그야말로 부대에 비상이 걸린다. 부대가 발칵 뒤집혀 입주 청소 수준으로 사단장을 맞이할 준비를 하다 보니 군필자들 중에는 '사단장 방문'이라는 말만 들어도 몸서리치는 사람들이 많다. 군대에서는 "사단장이 한마디 하면 산도 옮겨진다."라는 말이 있다. 그만큼 권한이 크기도 하고 불필요한 노동력이 많이 투여된다는 뜻이기도 하다. 사단장 부대 순시에 많은 예비역들이 진저리를 치는 것도 이해가 되는 바이다.

내 유튜브 채널 댓글창에서도 제발 사단장이 부대에 오지 않았으면 했다는 경험담과 사연을 볼 수 있었다. 일례로, 사단장의 부대 방문 소식을 들은 대대장이 대대적인 청소는 물론이고, 환경미화 차원에서 화단을 감싸고 있는 큰 돌들을 다 파란색 페인트로 칠하도록 지시했다고 한다. 돌이 다 파란색으로 칠해져 있으니 어딘가 음산했는데 아니나 다를까, 사단장이 부대를 둘러보다가 시퍼런 돌을 보고 기겁하며 전부 지우라고 지시했다는 것이다. 결국 칠할 때보다 더 많은 병력이 동원되어 페인트를 다 지워야 했단다. 또 다른 예시로는 군단장이 방문한다고 하여 돌을 치워 도로를 평탄화하고, 잡초란 잡초는 다 뽑고, 거기에 치약으로 청소까지 하느라 2주 내내 고생을 했는데 군단장은 딱 3분 머물다가 돌아갔다고 한다. 참 부질없는 일이다.

나도 중대장 시절에 우리 연대 지역에 사단장님이 오신다는 연락을 받았다. 다른 부대에 방문하신다는 얘기지만 혹시나 여기저기 둘러보실지도 모른다는 생각에 중대별로 각종 창고에 페인트를 칠한다고 난리가 났다. 그런데 우리 행정보급관은 페인트칠을 할 기미가 전혀 없었다. 내가 중대장이 된 지 얼마 안 되었을 때라 궁금한 마음에 물었다.

"우리는 페인트칠 안 합니까?"
"중대장님, 저거 다 쓸데없는 짓입니다. 사단장님 오실지 안 오실지도 모르고요, 페인트가 하늘에서 떨어지는 것도 아니라서 다 돈 주고 사야 하는데 중대운영비가 많지 않습니다."

"그렇습니까? 예, 뭐 혹시 잘못되면 제가 혼나면 되죠."

"혼날 일도 없을 겁니다."

그 말에 수긍하여 페인트칠을 하지 않았는데, 결과적으로 사단장님은 어느 곳도 따로 둘러보시지 않았다. 중대운영비가 부족한 건 우리뿐이 아니었을 텐데 다른 중대들은 다 무슨 돈으로 페인트를 사서 칠했을까? 알고 보니 그게 다 외상이었다. 당시 중대운영비는 한 달에 17만 5,000원 정도였는데, 중대장 근무 18개월이 끝나면 빚이 100만 원 가까이 생기는 경우도 있었다. 다 그런 건 아니지만 불필요한 작업을 무리해서 하느라 생기는 빚이 상당했던 것이다. 후임 중대장이 그 빚을 인수받지 못하겠다고 하여 서로 얼굴을 붉히는 불미스러운 일이 생기기도 한다. 나도 3만 5,000원 정도의 빚이 있었지만 다행히 사비로 정리하고 나올 수 있었다.

이후 대대장 시절에는 사단장님이 수시로 훈련장에 오시곤 했다. 그러다 보니 혹시나 지저분해 보일까 봐 다른 부대에서 위장망 지지대를 빌려와 위장망을 다시 팽팽하게 당겨서 쳐 놓곤 했다. 하지만 실전처럼 훈련하다 보면 위장망이 처지는 건 당연한 일이고, 애초에 대대별로 위장망 지지대 개수가 충분하지도 않았다. 그래서 나는 주어진 상황 내에서 최선을 다하면 된다고 편하게 마음 먹고 근심을 덜어냈다. 무엇보다 사단장님이 위장망이 얼마나 예쁘게 쳐져 있는지 확인하러 오시는 것도 아니고 말이다.

연대장 취임을 한 뒤에도 군단장님의 초도순시가 계획된 적 있었다. 당시 김포공항 앞에 있는 연대였는데, 헬기가 내릴 공간이 따로 없어 흙으로 된 연병장에 내리게 되면 먼지가 병사들의 막사로 날아들곤 했다. 그래서 미리 군단작전참모에게 전화해 군단장님이 오실 때 제발 헬기가 아니라 차량으로 오셨으면 좋겠다는 얘기를 전달했다. 본부중대장이 보고하기를, 군단장님이 헬기로 오시게 되면 내리시기 전까지 먼지가 나지 않도록 계속 흙바닥에 물을 뿌려야 했다. 그러지 않으면 부대 막사가 먼지로 뒤덮이는 것은 물론이거니와 연대와 가까이에 있는 민가로도 날려서 민원이 엄청나게 발생하기 때문이다. 먼지가 나지 않도록 물을 뿌리는 것도 엄청난 작업량일텐데, 차량으로 오시면 쉽게 해결될 일이 아닌가. 그래서 군단장님도 알았다고 하셨지만, 당일 아침에 일정이 변경되어 미안해하시면서 결국 헬기로 도착하셨던 일이 있었다. 꼭 일이 마음처럼 진행되는 것은 아니다 보니 어쩔수 없는 일이지만 당시의 우리 연대 병사들도 초도순시에 대해 안 좋게 생각할 것 같다.

시간이 흘러서 내가 사단장의 입장이 되었다. 하루는 헬기를 타고 어느 부대에 갔는데 산꼭대기 헬기장부터 대대까지 가는 길이 가지런히 빗자루질이 되어 있었다. 마음은 알겠지만 산에다가 빗자루질하는 일 때문에 괜한 노력이 낭비된다는 생각에, 다음부터는 빗자루질하지 말고 차라리 그 시간에 병사들 잠을 재워서 전투력을 유지하라고 지시했다. 얼마 뒤, 다시 헬기를 타고 그 부대에 도착했는데 여전히 빗자루질이 되어 있었다. 분명 하지 말라고 당부했던 기억이 생생한데 말이다. 그런데 막사 앞에 도착했더니 중대장과 행정보급관이 아주 해맑고 뿌듯한 얼굴로 말했다.

"사단장님! 지난번에 병사들 쓸데없는 작업 시키지 말라고 하셔서, 오늘 빗자루질은 저하고 행정보급관 둘이서 했습니다!"

웃는 얼굴에 대고 뭐라고 하겠는가. 만약 행정보급관도 있는 자리에서 중대장에게 왜 쓸데없는 짓을 하느냐고 혼내면 앞으로 지휘하는 데에도 지장이 갈 수 있다. 결국 나도 같이 웃으면서 "하이고, 그래. 수고했다." 하고 넘어갔다. 그리고 돌아와서 연대장에게 전화하여 중대장이 잘못 이해한 것 같으니 기회가 되면 다시 교육하길 바란다는 말로 마무리를 했다.

원래 사단장이나 군단장이 부대를 순시하는 이유는 지휘관을 괴롭히거나 환경미화를 시키기 위해서가 아니다. 첫째로는 지형과 부대의 특성을 파악하여 작전할 때 사단장의 의도를 잘 전달하기 위함이고, 둘째로는 부대에 지원이 필요한 요소를 확인하기 위함이다. 실제로 사람들이 잘 가지 않는 독립중대가 하나 있었는데, 사단장 시절에 방문해 보니 환경이 열악하기 이를 데 없었다. 그래서 격별 보수비가 나왔을 때 그 중대의 시설 보수에 가장 많은 예산을 책정했던 적이 있다. 셋째로는 반드시 현장을 보고 토의해야 하는 것들이 있을 수 있기 때문이고, 마지막으로 하급자들에게 칭찬과 격려 등 동기 부여를 하기 위해서이기도 하다.

물론 사단장 중에서 훈련 지도보다는 꼬투리를 잡거나 쓸데없는 걸 자꾸 지적하는 경우가 있다 보니 병사들 사이에도 '사단장이 방문하면 쓸데없는 작업을 하게 된다'는 인식이 생긴 것 같다. 상급자가 예하 부대를 방문하는 이유는 상하급 부대 간부가 직접 만나 대화를 나눠 서로 신뢰감을 조성하고 도움되기 위함이며, 환영은커녕 제발 오지 말았으면 하는 기피 대상이 되어서야 되겠는가? 우리 군 전투력의 근원은 대대급 이하 하부 조직과 그 구성원들이다. 이들을 괴롭히는 행동은 결국 간부가 우리의 주적이 되어 버리는 이적 행위와 같다고 볼 수 있다.

　반드시 할 건 하되, 불필요한 일을 만들 필요는 없다는 점을 서로 인지하고 노력했으면 하는 마음이다. 궁극적으로 우리가 무엇을 위해 이곳에 있는지 생각해 보자. 군대든 일반 기업이든 말단 직원부터 사장까지, 이등병부터 사단장까지 한마음으로 뭉쳐야 모두가 목표하는 바에 더욱 가까워질 수 있을 것이다.

적 연대장을 사로잡은 소대장

　어느 미군 대대에서 카투사로 복무하던 지인이 해 준 이야기다. 비가 많이 내리던 어느 날, 중대장이 갑자기 고무보트를 들고 집합하라고 명령했다고 한다. 계속 비가 오는데 뜬금없이 웬 고무보트인가 하고 집합했더니, 평소에는 고무보트로 훈련할 수 있는 곳이 없었는데 마침 비 때문에 영내의 조그마한 개울에 고무보트를 띄울 수 있게 되었으니 관련 훈련을 진행하자고 했다는 것이다. 우리 군의 경우, 보통은 비가 많이 오면 계획되었던 훈련도 '했다 치고' 취소하는 경우가 많은데, 그 이야기를 듣고 참 많은 생각이 들었다. 군에서는 '실전 같은 훈련'이라는 말을 자주 사용한다. 그런데 안전이나 민원 문제 등으로 실전 같은 훈련은 사실상 진행하기 어려운 것이 현실이다.

대대장 시절에 연대전투단훈련, 연대전투단(RCT, Regiment Combat Training)에서 우리 대대가 연대 주공대대로 지정되었다. 여기서 '주공'은 작전의 성패를 결정하는 결정적인 공격을 말한다. 따라서 가장 강력한 전투력을 지닌 대대가 주공대대로 투입되고, 주공의 성공 여부가 곧 RCT의 성패를 가르는 경우가 많다. 따라서 주공대대에는 통상 전차, 공병, 토우, 106mm 무반동총 등 지원배속부대들이 추가되기 때문에 일반적으로 잘 발달한 도로를 활용하여 공격하게 된다.

그런데 이번 훈련에서 우리 대대는 대항군(이하 적으로 통칭)에게 들키지 않도록 산악으로 은밀히 침투하여 공격하라는 지시를 받았다. 지도를 보니 대대장 지프차나 앰뷸런스도 다닐 수 없는 험한 산악이었다. 이러한 '산악침투식기동'은 쉽지 않은 것인데, 당시 참모총장이 워낙 강조하다 보니 지휘관들이 종종 이 방법을 채택하곤 했다. 명령을 수령한 뒤 대대지휘소로 돌아와 중대장들에게 명령을 하달하고 있는데, 군단평가단장인 모 대령이 대뜸 퉁명스럽게 말했다.

"대대장! 대대장은 산악침투식기동이 가능하다고 생각하나?"

그러더니 산악침투식기동이 교범에 있지만 현실적으로 불가능하기 때문에 이 작전은 성공하기 어려운데, 어쩔 생각이냐고 나를 몰아세우기 시작했다. 열띤 토의가 오가던 대대지휘소가 순식간에 얼어붙었다. 참으로 황당한 상황이었다. 연대장으로부터 명령을 받은 대대장이 그 명령을 구현하기 위해 중대장 및 참모들과 머리를 맞대고 토의하고 있는데, 느닷없이 연대장의 판단이 잘못되었다고 주장하니 말이다. 내가 어이없는 기분으로 대꾸했다.

"아까 연대지휘소에서 연대장이 명령 하달하고 워게임(Wargame, 군사전략 및 전술 수립을 위한 전쟁용 모의훈련)할 때는 아무 말씀도 안 하시다가 왜 이제 와서 그런 말씀을 하십니까? 저도 개인적으로 산악침투식기동 교리에 찬성하지는 않습니다. 그러나 많은 토의 후 최종적으로 연대장이 결심하고 명령한 것이니 대대장으로서 당연히 손실을 최소화하고 그 명령을 완수할 방법을 찾아 공격해야 하는 것 아닙니까? 여기서 연대장 명령을 무시하고 새로운 방법으로 공격해야겠습니까? 성공 여부는 내일 아침 작전이 끝난 후 평가하시면 되잖습니까?"

말하다 보니 살짝 화가 나서 마지막으로 뼈 있는 한마디를 덧붙였다.

"그리고 이런 교리는 참모총장이 여러 차례 토의를 거쳐 교범에 실은 것으로 아는데, 평가단장님처럼 토의에 참석했던 분들이 반대했어야 하는 것 아닙니까? 그때는 참모총장님 말씀이 지당하다며 가만히 계셨다가 지금 말씀하시는 건 비겁하지 않습니까?"

모 대령은 나보다 한참 윗 기수의 육사 선배였지만 그렇게 말하지 않으면 우리 연대장만 개념 없는 지휘관이 되는 셈 아닌가. 내가 쏘아붙이자 그 대령은 몹시 불쾌한 표정을 숨기지 않았다. 그리고 대대장을 평가하는 군단평가관에게 우리 대대의 공격 상황을 정확하게 체크하라고 말하더니 돌아갔다. 나는 심기일전하고 부하들에게 명령했다.

"실제로 우리는 대단히 어려운 작전을 하게 될 것이다. 그러나 작전 성패의 책임은 대대장에게 있으니 하달한 명령에 따라 주길 바란다."

훈련이 시작되었다. 우리 대대는 저녁 8시 공격개시선

을 통과하였고, 잠시 후 7사단 어느 포병대대의 철조망 울타리를 따라 우회하기 시작했다. 군단평가관이 옆에서 또 답답한 소리를 했다.

"포병대대를 가로지르면 쉽게 기동할 수 있는데 왜 우회하지? 명령이 엉터리 아닌가?"
"뭐가 문제입니까? 실제 전시 상황이라면 이 시점에 이 포병대대가 여기 없을 테니까 기동하는 데 문제가 없지만, 지금은 부대가 있으니 어쩔 수 없이 울타리를 우회하는 것 아닙니까?"

그러자 군단평가관은 처음부터 계획이 잘못되었다며 계속해서 문제를 제기했다. 그 말을 듣던 중 내가 단호하게 말했다.

"알았습니다. 그러면 포병대대 울타리를 파괴하고 기동할 테니 그 책임은 평가관님이 져 주시기 바랍니다."

꼬투리를 잡으려고 말도 안 되는 시비를 걸던 군단평가관은 실제로 포병대대 울타리를 부술 것 같은 기세에 놀랐는지 알았으니 우회하라고 꼬리를 내렸다.
한참 후 하천을 건널 때가 되자 군단평가관은 대대장

도 지프차를 타지 않고 목표까지 갈 것이냐고 물었다. 그렇다고 하니 그는 "그럼 내일 아침에 사방거리에서 보자."라며 차를 타고 휘리릭 사라져 버렸다. 내가 걸어서 이동하면 군단평가관도 같이 걸어가면서 평가해야 하는데, 그럴 마음은 없었던 것이다.

평상시 훈련할 때는 하천을 건널 상황이 되면 안전 등을 고려하여 '물로 건넜다 치고' 다리를 이용한다. 그러면 적에게 다 노출되지만 훈련 목적상 적은 또 그것을 '못 본 걸로 친다.' 이게 말이 되는가? 이러니 실전적인 훈련이 참 어렵다. 그러나 그날 우리 대대원 대다수는 작은 징검다리나 물이 얕은 곳을 찾아 진짜로 적 몰래 하천을 건넜다. 나중에 확인하니 적은 우리 대대가 하천을 넘은 것도 모르고, 동네 주민들이 하천을 건널 때 사용하는 다리만 응시하고 있었다고 한다. 적 몰래 하천을 건넌 우리 대대는 평소 가장 단결이 잘 되어 있고 훈련 수준도 높았던 소대를 선두에 세우고 적이 배치되지 않은 능선을 이용하여 산악침투식기동을 이어갔다.

다음 날 새벽, 선두의 소대장으로부터 급한 무전이 날아왔다. 적 대대장과 참모들이 회의하고 있는 지휘소를 발견했는데 우회해야 할지 파괴해야 할지 지시를 기다리겠다는 내용이었다. 우리가 턱밑까지 갔는데도 전혀 모르고 있으니 그 대대는 임무 수행이 거의 불가능할 것이라고 판단하여 바로 지휘소를 기습하라고 명령했다. 내가 현장에 도착했을 때 급습을 당한 적 대대장은 어이없다는 표정으로 넋을 놓고 있었다.

한편 선두 소대는 적 대대지휘소 기습 후 계속해서 적진으로 기동 중이었는데, 얼마 후에 또 무전이 왔다. 적 연대장을 생포했다는 소식이었다. 적 연대장은 평소처럼 아무 경계병력도 없이 책임지역을 단독으로 다니다가 우리 선두 소대에 생포된 것이었다. 소대장에게 내가 있는 쪽으로 안전하게 호송하라고 지시하자 조금 후에 도착한, 평소에도 잘 알고 지냈던 적 연대장은 애써 웃음 지으며 말했다.

"고성균, 항복이다!"

전날 저녁 하천에서 사라졌던 군단평가관은 훈련 때 좀처럼 발생하지 않는 적 대대지휘소 폭파와 연대장 생포 상황을 전달받고 어디선가 갑자기 나타나서는 "진짜로 지프차 안 타고 밤새도록 산악으로 온 것이냐."라고 물으며 눈이 동그래졌다. 물론 힘든 과정이었지만 평소 실전적인 교육훈련을 강조한 대대장의 명령을 믿고 따라 준 중대장 이하 대대원들이 만들어 낸 훌륭한 결과였다.

예비군 훈련에
포스타 장군님 등판

대한민국에서 군 복무를 마친 현역은 전역 이후에 일정 기간 예비역으로 복무하고 이후에는 민방위로 편성된다. 전역 이후 예비군이나 민방위 소집명령을 받으면 내심 귀찮은 마음이 들기도 하겠지만, 인구 절벽 현상으로 병역 자원 감소에 따라 예비군의 중요성은 점차 더 커지고 있다.

1987년, 2차 중대장 보직을 두고 사단작전처에 파견 근무를 나가 있었다. 9월 중순에는 연대 전체가 동원훈련을 위해 주둔지를 떠나 일동이라는 지역에 가서 훈련 준비를 했다. 동원훈련은 국가비상사태를 대비하여 정기적으로 예비역을 대상으로 훈련하는 것인데, 훈련 일주일 전부터 천막 설치 등 정비를 하러 미리 훈련장으로 이동하게 된다. 당시만 해도 동원훈련은 4박 5일 동안 진행

157

됐다. 다만 나는 파견 근무 중이니 동원훈련에는 참가하지 않아도 된다고 해서, 훈련장에 가지 않고 평화로운 파견 근무를 이어 가고 있었다.

동원훈련이 시작된 첫날, 대대장님에게 다급한 목소리로 연락이 왔다. 빨리 훈련장으로 오라는 호출이었다. 이유인즉, 무려 4성 장군인 군사령관님이 우리 연대의 동원훈련 때 예비군들이 중대공격하는 모습을 보고 싶어하신다는 이야기였다. 누구에게 시범을 시킬까 고민하던 연대장님이 나를 훈련장으로 부르신 것이다. 평소 같으면 파견 중이니 굳이 일동까지 부르지는 않았을 텐데, 군사령관님이 오신다고 하니 이런저런 사정 따질 때가 아니었다.

급히 일동 훈련장으로 달려가기는 했는데, 연대장님으로부터 '예비군 중대공격 시범' 관련 지침을 받고 머릿속이 복잡해졌다. 동원사단의 간부는 중대장인 나 1명뿐이고, 현역병 9명, 방위병 3명, 그리고 나머지 100여 명이 모두 예비군으로 구성되어 있었다. 현역들도 하기 어려운 걸 예비역을 데리고 해야 하는 것이다. 일단 예비역 중위들, 소대장들을 불러모아 상황부터 전달했다. 막막한 마음이 들었지만 일단 주사위는 던져졌으니 어쩔 수 없었다. 다음 날 아침, 예비군들이 하나둘 입소하기 시작했다. 입소가 끝난 뒤 중대 예비군들을 모아두고 차마 떨어지지 않는 입을 떼 청천벽력일 것이 분명한 소식을 전했다.

"훈련 기간에 4성 장군님을 모시고 예비군 중대공격 시범을 보인다!"

당연히 난리가 났지만 어쩌겠는가. 야속하게도 다음 날, 태양은 어김없이 떠올랐다. 당시 일반적인 동원훈련은 사격, 주특기훈련, 정신교육, 행군 등으로 중대급 전술훈련을 하는 경우는 거의 없었다. 그래서 다른 중대 예비군들은 숙영지 인근 평지에서 훈련하는데 우리 중대만 10km를 걸어서 모 사단 실거리 사격장으로 향했다.

오전에는 걸어가면서 각자 통로 확인 및 전술적 조치를 확인하는 전술답보를 하고, 오후에는 예행연습을 할 예정이었다. 각 소대, 분대, 또 각 개인이 전술적으로 행동해서 목표까지 가는 훈련을 하는 것이다. 일단 예행연습을 진행하긴 했는데 결과는 과연 어땠을까?

예상했다시피 모든 것이 엉망진창이었다. "공격! 앞으로!" 하면 앞으로 나가 공격을 해야 하는데 다들 귀찮아서 움직일 생각이 전혀 없었다. 왜 우리만 힘든 중대공격 시범을 해야 하느냐는 불만들이 가득했다. 사회생활을 하다가 왔더니 갑자기 사격장에서 총 들고, 뛰고, 기고……. 하기 싫을 만도 하지만 내 마음은 타들어 가고 있었다. 숙영지로 복귀하기 전에 중대원들에게 내일 연습할 때는 잘해 보자고 다독이면서 일단 복귀했다. 다음 날, 다시 연습하러 가야 하는데 어제의 상황을 보니 아무래도 이대로는 안 될 것 같았다. 아침부터 중대원 150여 명을 세워 놓고 일장 훈시를 시작했다.

"여러분은 대한민국 동원훈련 사상 전무후무하게 동원 예비군이 주축이 된 중대공격 시범이라는 역사적인 훈련을 하게 됐다! 기왕에 하는 것 멋있게 하자!"

일단 그들의 사명감을 북돋아 줬다.

"어제 연습할 때 보니 여러분이 전혀 중대장 명령에 따르지 않는데, 중대장 명령에 불복종하는 것은 항명죄에 해당된다. 동원훈련은 군 형법을 적용받는 기간이기 때문에 예행연습 간에 명령에 따르지 않으면 중대장이 군법대로 처벌하겠다!"

심각한 목소리로 이야기했다. 채찍만 들 수는 없으니 인간적인 호소도 덧붙였다.

"군인을 평생 직업으로 하고 있는 여러분의 중대장, 대위 고성균의 군 생활은 이제 중대원 여러분의 손에 달렸다. 군사령관님 모시고 시범을 성공적으로 마치면 중대장의 앞날이 탄탄대로일 것이고, 여러분이 예행연습과 같이 엉터리로 한다면 중대장은 아마 현 계급으로 군 생활을 마무리할 것이다. 군 생활을 오래 할 수 있도록 좀 도와줘라. 전우 여러분의 전우애와 능력을 믿는다!"

그 때는 사명감이든 군법이든 동정이든, 하나라도 먹히길 바라는 애타는 마음뿐이었다. 하지만 실질적인 문제가 또 있었다. 바로 M60 기관총이었다. 훈련의 흐름을 봤을 때, 소총수는 각자 자기 소총만 들고 움직이면 되기 때문에 움직이는 데에 큰 문제가 없다. 60mm 박격포는 목표까지 거리가 얼마 안 되니 진지에서 사격지원만 하면 된다. 그런데 M60 기관총은 사격지원 거리를 봤을 때, 지형상 반드시 중간에 진지를 한 번 옮겨야 하는 상황이었다. 문제의 이 기관총은 무게가 약 10kg로 일반 소총의 세 배쯤 된다. 상당한 무게를 짊어지고 있다 보니 기관총 분대가 가장 요지부동이었다. 기관총 진지 변환을 안 할 수도 없는 노릇인데, 예행연습 때부터 전혀 움직일 생각이 없는 기관총 분대를 대체 어찌해야 하는가?

비장의 카드를 하나 꺼낼 때였다. 바야흐로 몇 개월 전, 강남 소재 예비군 교장에서 중대 편성 등을 확인하기 위한 전반기 소집점검이 있었다. 처음 만나는 예비군 중대원들과 인사하고 출석 점검을 하는데, 영 집중이 안 되고 매우 소란스러운 분위기가 이어졌다. 몇 번 주의를 줬으나 여전히 통제되지 않아 결국 단호하게 통보했다.

"중대장이 몇 번 지시를 했는데 이렇게 말을 듣지 않을 것이냐? 전쟁이 나면 내가 어찌 당신들과 싸워 이길 수 있겠나? 당신들은 내 부하가 아니다. 따라서 오늘 소집점검은 없었던 것으로 하겠다."

이후 같이 간 현역 중대원과 함께 매몰차게 강의장을 떠나 차량이 있는 곳으로 걸어가고 있었다. 그런데 갑자기 뒤에서 누군가 달려왔다.

"중대장님, 한 번만 봐주십시오!"

누군가하고 돌아봤더니 대뜸 묻는다.

"중대장님, 육사 나오셨죠?"
"그런데, 왜?"

"제가 육사 동기였습니다."

　무슨 소리인가 했더니, 그 예비군이 나와 육사 입학 동기였는데 사정상 1학년 말에 육사를 나갔다고 한다. 당시 같이 입학한 동기생인 나를 기억하고 있었던 것이다. 반가운 감정이 일어 마음이 슬쩍 녹아내리고 있는데, 동기생은 통제에 따르지 않은 것에 대해 대단히 미안하다고 사과하면서 중대장이 강의장을 떠난 뒤 모두 공황에 빠져 뒤늦은 후회를 하고 있다고 전했다.

　다들 미안한 마음이 들었다기보다는 내가 그냥 돌아가면 소집점검을 위해서 또 직장에 휴가를 내야 했기 때문이었을 것이다. 일단 칼을 빼 들었으니 무라도 베면 좋겠지만, 그 사정들을 모르는 바도 아니니 못 이기는 척하고 중대원들이 있는 강의장으로 돌아갔다. 이들의 소속이 변경될 것도 아니기에 전쟁이 나면 미우나 고우나 함께 싸워야 하는 전우들이었다.

　내가 다시 강의장으로 돌아가니 그야말로 모두가 쥐 죽은 듯 조용히 내 입만 바라보고 있었다. "이 모 씨 덕분인 줄 알고, 다음 가을에 동원훈련 들어오면 멋있게 훈련하자."라고 타이르며 그날의 일은 일단락되었다. 그로부터 4개월 뒤, 바로 그때의 중대원들과 함께 지금의 예비군 중대공격 시범이라는 난관에 봉착한 것이다. 마침 그

때 나를 붙잡았던 이 모 동기생이 M60 기관총 분대에 속해 있었다. 나는 동기생을 따로 불러 간절히 부탁했다.

"이 아무개, 시범 진행할 때 내가 무전으로 M60 기관총 진지를 옮기라고 명령하면 혼자서라도 M60 기관총을 둘러메고 좀 뛰어 줘라!"

드디어 시범이 시작된 날, 이 동기생은 무거운 M60 기관총을 둘러메고 앞장서서 뛰어 주었다. 다행히 그 모습을 본 다른 기관총 분대원들도 덩달아 뛰기 시작하며 현역 때의 실력을 유감없이 발휘했다. 예비역들이 멋있게 기관총 진지를 변환하는 모습을 보고 군사령관께서 감탄하시며 우리 예비군들이 매우 훌륭하다고 칭찬을 아끼지 않았다. 그러면서 최종 목표 탈취는 하지 않아도 되니 상황을 종료해도 좋다고 했다.

이에 소대장들에게 무전으로 "상황 끝, 복귀하라!"라고 명령을 하달하였지만 훈련에 몰입한 우리 소대장들은 중대 목표 탈취를 코앞에 두고 멈출 수 없다며 씩씩하게 교신했다. 물론 살짝 악에 받쳤던 것일 수도 있겠지만 말이다. 군사령관님은 더욱 흐뭇하게 웃으시며 금일봉 30만 원까지 하사하셨다. 이렇게 해서 대한민국 예비군 창설 이래 전무후무하게 4성 장군을 모시고 실시된 예비군 중대공격 시범은 성공적으로 마무리되었다. 역시 우리나라 예비역의 저력이 살아 있음을 증명하는 순간이었다. 1987년 9월, 75사단 OOO 연대 1중대 동원예비군 중대원들에게 정말 수고 많았다는 격려의 말을 다시 한 번 전한다.

병역 의무를 성실히 이행한 후에도 우리나라의 평화를 지키고 있는 예비군으로서 자부심과 긍지를 가져도 좋다는 사실을 꼭 기억했으면 한다. 평소 예비군 훈련을 할 때는 느슨한 모습을 보일지 몰라도 결정적 순간이 되면 예비군이 훨씬 숙달된 모습으로 전투력을 발휘할 것이라 확신한다.

장군도
휴가의 맛을 안다

　현역병들이 가장 좋아하고 기다리는 것은 단연 전역일 것이다. 그 다음으로 좋아하는 것은 아마 휴가가 아닐까 한다. 장군도 휴가를 아주 좋아한다. 장교들은 상급자의 성향에 따라 휴가를 즐겁게 출발하기도 하지만, 휴가를 출발하는 순간이 스트레스인 경우도 있다. 별도 보고 없이 휴가를 출발하도록 하는 지휘관이 가장 좋고, 당일에 부대 출근 없이 전화로 보고하고 출발하도록 해도 좋지만 사실 타이밍을 맞추기가 쉽지 않다. 최악은 부대 출근 후 아침 상황보고를 끝내고 출발하게 하는 것인데, 어물어물하다가 오전이 다 가버릴 수도 있다. 휴가는 내 기본권인데도 불구하고 상급자의 눈치를 봐야 하고, 여차하면 휴가를 취소해야 하는 슬픈 엔딩을 맞이하기도 한다. 직장인이라면 연차를 낼 때 사유를 어떻게 써야 통과될지 고민하거나, 직장 분위기에 따라 마음대로 연차를 쓰지 못하는 상황인 셈이다.

휴가를 누리지 못하는 상황에 대한 안타까움에 깊이 공감하기 때문에 사단장 시절, 특정 사유로 인한 병사들의 휴가 결재 건은 매우 신중하게 검토하고 승인했던 기억이 있다. 그런데 내가 유튜브를 시작하고 얼마 되지 않았을 때, 31사단장 시절의 전우였던 예비역 박 병장이 메일을 하나 보냈다.

박 병장은 일본에서 대학을 다니다가 군에 입대하여 복무 중 대학교 재학 갱신을 위해서 꼭 일본에 가야 하는 사정이 있었다. 주변에서도 일반 병사가 해외에 가기는 어려울 것이라고 이야기해서 몹시 걱정했는데, 당시 사단장이었던 내게 국외 여행 허가 승인을 받아 정말로 기뻤다고 한다. 덕분에 무사히 군 복무 후 일본 대학에 복학하여 현지에서 승승장구하다가 얼마 전 국내에 복귀하였다고 했다. 그때 미처 전하지 못했던 감사 인사를 전하고자 메일을 보낸다는 이야기에 나 역시 몹시 반갑고 고마운 마음이 들었다. 당시 사단장으로서 박 병장의 인생이 걸린 매우 중요한 문제라고 생각하여 해외 방문 승인 결재를 했다. 이처럼 군인은 해외로 휴가를 가는 것이 가능하기는 하지만 쉽지 않다. 일반 병사는 물론이고 장군도 마찬가지다. 일반적으로 장병 국외 여행 승인권자는 사단장이고, 장군은 참모총장의 승인을 받아야 한다.

연대장을 마치고 육군본부 인사근무과장 직책을 수행할 때, 어느 사단장이 국외 여행 허가 승인을 요청한 일이 있었다. 내용을 보니 외국에 있는 자제의 결혼식에 참석하기 위한 것이었고, 군단장이 사단장 직무대리로 부군단장을 명령 조치하겠다는 내용도 포함되어 있었다. 그 정도면 문제가 없다고 판단하여 모 사단장의 국외 여행 허가 승인 결재를 올렸는데 첫 결재권자가 걱정스러운 얼굴로 물었다.

"사단장 휴가 보내려고 문서 올렸다가 네가 찍히는 거 아니야?"
"제가 판단하기에 정당한 사유로 휴가를 간다는 것인데, 당연히 허가를 해줘야 하지 않겠습니까?"

결재권자는 애매한 반응이었지만 이 판단으로 설령 내가 피해를 보더라도 상관없다고까지 이야기하니 결국 결재를 하였다. 그런데 두 번째 결재권자도 내용을 보더니 꼭 국외 여행 허가 승인을 받아야 하느냐고 난색을 보였다. 전시도 아니고, 군단장이 직무대리 조치까지 계획했다는데 문제가 아니라는 생각에 다시 결재를 요청했지만 여전히 마뜩잖은 표정이었다. 참모총장 입장에서는 사단장이 자리를 비우고 국외로 휴가 가는 것을 반기지 않을 테니 결재를 올리지 말고, 나중에 자제가 귀국한 후에 결혼식을 하도록 조정하면 좋겠다는 것이었다.

결재권자와 더 이야기를 나눴지만 끝내 결재를 받지 못하고 사무실로 돌아와 해당 사단장에게 전화를 걸었다. 사단장은 설명을 듣고 일단 알았다고 했지만, 결혼식의 일정을 조정하기는 어렵다고 했다. 외국에 거주하는 자제의 배우자가 외국인이라서 그 나라에서 결혼식을 올리기로 계획되어 있다는 것이었다. 그 전까지는 당연히 우리나라 사람끼리 하는 결혼이라고 생각하여 귀국 후에 결혼식을 올려도 괜찮다고 생각했는데, 상황을 듣고 보니 아무래도 이 국외 휴가는 승인해 주는 것이 옳다는 확신이 들었다.

그래서 내용을 일부 보완하여 다시 두 번째 결재권자에게 가서 다소 강건하게 설득을 시도했다. 결혼은 인륜지대사다, 장군도 가정이 있고 사기가 있는 것인데 허가를 하는 것이 맞지 않겠냐, 허가하지 않을 것이면 규정에 결혼 관련 장군 국외 여행 허가 조항이 있을 필요가 있겠느냐, 그리고 결정적으로 사단장이 자리를 비우는 것 자체가 불안해서 허가하지 않는 것은 우리 육군이 그렇게 취약한 집단이라는 뜻이냐 등등 여러 가지 사유를 들자 그는 다소 얼굴을 붉히면서도 결국 결재해 줬다.

"알았다, 마음이 썩 내키지는 않지만 일단 결재를 올리 고 참모총장님께 대면보고를 해라."

육군본부에서 참모총장 대면보고를 하려면 총장 일정 표에 반영하는 등 상당한 시일이 걸린다. 게다가 참모총 장이 가만히 사무실에서 결재만 하는 직책이 아니기 때 문에 대면보고가 결코 쉬운 일이 아니다. 따라서 관련 내 용을 요약한 후 비서실에 비대면 결재를 올리고 혹 나를 찾으시면 연락하라고 했는데, 이틀 뒤에 비서실에서 연 락이 왔다. 참모총장님께서 고개를 갸우뚱하면서도 선뜻 결재해 주셨다고 말이다.

즉시 해당 사단장에게 전화를 걸었다. 결과를 기다리 는 사단장의 목소리에서 긴장한 기색이 고스란히 느껴졌 다. 허가가 났다고 전하니 무척 고마워하며 끝내 허가가 나지 않으면 어떻게 할지 고민하던 중이었다고 한다. 내 가 결재 과정을 귀찮게 생각하거나 윗분들에게 싫은 소 리를 듣지 않으려고 허가하지 않는 게 좋겠다는 결재를 올렸다면 해당 사단장은 자녀의 결혼식에 참석하지 못했 을 텐데, 얼마나 안타까운 상황인가.

휴가는 원래 헌법상 보장된 개인의 기본권이다. 그런 데 과거에는 군을 포함한 여러 조직에서 휴가를 상급자가 베푸는 은전 같은 것으로 생각하는 경향이 있었다. 그 탓에 대체로 휴가를 가겠다고 말을 꺼내기가 매우 어렵고 휴가를 신청한 사람을 당돌하다고 보는 분위기가 팽배했던 것 같다. 요즘은 군이나 회사에서 인건비 등 예산문제 때문에 개인 휴가를 꼭 쓰도록 독려하는 분위기로 바뀌고 있다고 하니 참 다행스러운 변화다. 사유가 무엇이든 누구에게나 쉼표는 필요하기 마련이니 말이다.

장군의
철학

목에 칼이 들어와도
바른 소리

　보통 연대에서 가장 바쁜 장교 중의 하나가 연대 작전 장교다. 보통 중대장을 마치고 소령 진급을 앞둔 선임 장교들이 연대 작전장교에 보직되는데, 나는 어쩌다 보니 소대장 1년을 마치고 중위 때 연대 작전장교를 맡게 되어서 눈코 뜰 새 없이 바쁜 날들을 보내고 있었다. 다른 장교들은 통상 집에서 아침 식사를 하고 출근하는데, 나는 새벽 일찍부터 출근해서 오전에 상황보고를 준비하여 연대장님께 브리핑 후 부대 안의 간부 식당에서 다소 늦게 아침을 먹곤 했다.

　아침 업무를 하고 식당에 가면 시간이 늦어서 그런지, 일주일에 두세 번은 밥이 없어서 아침을 걸러야 했다. 어느 날도 아침에 연대장님께 상황보고를 마치고 간부 식당에 갔더니 밥이 다 떨어지고 없다는 것이었다. 그래서 식당 담당관에게 "제발 내 밥도 좀 챙겨 달라."라며 농담을 섞어 부탁하고 돌아서는데, 식당과 주방 사이에 있는 작은 쪽문 커튼 사이로 주방 안쪽이 얼핏 보였다. 그런데 그 안에 병사들 5명이 모여 앉아서 밥을 먹고 있는 것이 아닌가? 자세히 보니 당시 우리 부대를 지원하던 보안반 병사들이었다. 나도 아침밥이 없어 배가 고픈데, 저들은 왜 여기에서 밥을 먹고 있단 말인가? 담당관에게 무슨 상황인지 물었지만 머리만 긁적일 뿐 대답이 없었다.

"담당관! 내 밥은 없다더니, 돈도 안 내는 저 병사들이 여기서 내 밥을 매일 먹었던 거야?"

"······."

담당관은 여전히 묵묵부답이었지만 상황을 보아하니 뻔했다. 간부 식당에서 아침 식사를 하는 간부가 7명인데, 보안반 병사 5명이 와서 밥을 먹었으니 조금만 늦게 가면 남은 밥이 없었던 것이다. 밥 먹을 땐 개도 건드리지 않는다고 하는데, 남의 밥을 뺏어 먹다니! 성큼 주방 안으로 들어가 왜 여기서 밥을 먹고 있느냐고 물었지만 보안반 병사들은 들은 척도 하지 않았다. 본부중대장님에게 상황을 알릴 테니 여기서 꼼짝 말고 있으라고 윽박지르니 그제야 사태의 심각성을 눈치챈 병사들은 주방 뒷문을 열고 식당 뒤에 있는 야산으로 도망쳐버렸다.

가만히 보고 있을 내가 아니다. 나는 기어이 산꼭대기까지 쫓아가서 1명을 붙잡아 내려왔다. 그리고 그 병사에게 이 일을 보안반 간부에게 보고하여 다시는 이런 일이 없도록 하라고 이르고, 나도 본부중대장님에게 일단 상황을 알려 마무리지었다. 아니, 그렇게 마무리가 되면 좋았겠지만 그날 오후에 보안반의 모 상사로부터 전화가 왔다. 조사할 것이 있으니 보안반으로 내려오라는 것이다. 안 그래도 바빠 죽겠는데 이게 웬 적반하장인가. 조사받을 일도 없고, 일도 바쁘니 못 가겠다고 단칼에 거절하고 전화를 끊었다.

다음 날 아침, 여느 때처럼 상황보고를 마치고 식당에서 아침을 먹고 있는데 보안반장님의 운전병이 찾아왔다. 반장님이 모시고 오라고 했다는 것이다. 느낌이 이상했지만 상급자인 소령이 부른다니 가 보는 것이 도리겠다 싶어서 차를 타고 보안반으로 갔는데, 보안반장님은 없었다. 알고 보니 보안반의 모 상사가 나를 부르려고 거짓말을 한 것이었다.

"도대체 뭐 때문에 부른 겁니까?"
"우리 애들을 구타했다면서요. 왜 때렸습니까?"
"무슨 소립니까?"
"왜 이유 없이 병사들을 괴롭히느냐고요."

때린 적도 없거니와 병사들이 간부 식당에서 돈도 안 내고 밥을 먹은 것을 따지니, 그런 적이 없다고 아예 잡아떼고 있었다. 5명이 작당하고 한 목소리를 내니 오히려 내가 거짓말쟁이가 될 판이었다. 황당했지만 그럼 헌병대에 신고하지, 왜 여기에서 조사를 받아야 하느냐고 대꾸하다가 식당 담당관인 조 중사가 생각났다. 그날 현장에 있었으니 상황을 다 알고 있으니 진실을 밝혀줄 증인이 되어 주리라 생각했다. 이내 보안반 지프차를 타고 온 조 중사는 긴장한 얼굴로 말했다.

"병사들에게 밥을 준 적이 없습니다."

보안반 상사가 기세등등해져서는 "그것 보세요!" 하면서 나를 닦달했다. 사전에 말을 맞춘 것 같은 상황이라 난감한 노릇이었다. 당시에 스마트폰은커녕, CCTV가 달려 있지도 않으니 증거가 전무했다.

이대로 당하는 건가 싶은데, 그때 희미한 희망의 불씨를 살려 줄 한 방이 생각났다. 간부 식당에서 서빙하는 테니스 선수 출신 이등병 병사가 있었는데, 평소 근무 태도가 좋아 자주 대화를 나누었던 병사였다. 그 병사도 현장에 있었으니 불러 달라고 주장하자, 이내 그 이등병이 바짝 긴장한 얼굴로 들어왔다. 모 상사가 윽박지르듯이 물었다.

"너 똑바로 말해라. 우리 보안반 병사들이 간부 식당에
서 밥 먹었어, 안 먹었어?"

이등병은 침을 꼴깍 삼키더니 대답했다.

"운동한 사람은 정신이 올바르게 되어 있어야 합니다.
저는 목이 칼이 들어와도 바른 소리를 해야 합니다."

어떤 바른 소리를 할지 살짝 불안하던 찰나, 내 운명을
손에 쥔 이등병이 말을 이었다.

"어제 아침에 보안반 병사 5명이 와서 분명히 밥을 먹
었고, 그 현장을 고 중위님이 목격했습니다. 그전에도
자주 밥을 달라고 해서 어쩔 수 없이 여러 번 주었던
적이 있습니다."

그제야 마음이 놓인 나는 목소리를 높여 그들을 나무
란 뒤, 내 누명을 벗겨준 이등병을 거의 모시다시피 하며
나왔다. 덕분에 진실이 밝혀졌으니 은인이나 다를 바 없
었다. 그렇게 상황이 정리되면 참 좋았을 텐데, 아직 2라

운드가 남아 있었다.

나는 작전장교 일을 하다 보니 비문(祕文)을 만질 일이 많았다. 하루는 사단에 다녀올 일이 있는데 지휘통제실을 비울 수 없어서 선배 장교인 구 중위님에게 대신 근무를 좀 부탁했다. 그런데 출장을 갔다가 오후 늦게 돌아오니 그분이 사색이 되어 있었다.

"고 중위, 나 오늘 통신보안 위반에 걸렸다."

당시만 해도 연대급 이상 교환대에 감청반이 있었다. 통화 내용을 듣고 비문 내용이 노출되지 않는지 확인하는데, 비문이 포함된 내용이 오가면 통신보안 위반이라는 경고음이 흘러나온다.

그런데 구 중위님이 낮에 예하 대대와 전화로 교보재 현황을 파악하고 있는 도중 통신보안 위반 경고가 들렸다는 것이다. 얘기를 자세히 듣다 보니 짚이는 것이 있었다. 보안반에서 미운털이 박힌 나를 통신보안 위반으로 잡아들이려고 하루 종일 전화를 감청하다가 '구 중위'를 '고 중위'로 잘못 듣고 트집을 잡은 게 분명했다. 감청반에 전화해서 담당자를 소환해 상황을 확인했다. 그쪽에서 교보재 현황이 비문이라고 주장하길래 그 근거를 가져오라고 했지만 당연히 그런 건 없었다. 결국 없던 일로 정리됐지만 그 뒤로도 틈만 나면 보안반에서는 뭔가 건수를 잡으려고 내 사무실을 기웃거렸다.

다행히 얼마 뒤 보안반장님이 다른 분으로 바뀌면서 보안반과 비로소 종전했다. 이분은 또 나를 좋게 보셨는지 보안사로 와서 근무하라는 스카우트 제안을 하시기도 했다. 당연히 속으로 기겁을 하며 "저는 그냥 지휘통제실에서 매일 야근하는 게 좋습니다."라고 말하며 정중히 거절했다. 아마 이상한 놈이라고 생각하셨을 것이다. 참고로 덧붙이자면 그 이후에 기무사령부, 안보지원사령부 등을 거치며 지금은 근무 행태가 완전히 달라졌다고 알고 있다.

지금도 우리 사회 곳곳에는 거짓말이나 왜곡된 말을 하며 사회를 어지럽히는 경우가 많은데, 반드시 바로잡아야 하는 문제다. 입은 비뚤어져도 말은 바로 하라지 않는가? 더불어 당시 내 구세주가 되어준 모 이등병은 잘 지내고 있는지 궁금하다. 어디서든 여전히 바른말을 하는 당당한 사회의 구성원이 되어 있으리라 믿어 의심치 않는다.

진실은
반드시 밝혀진다

1987년 6월 말, 전방에서 1차 중대장을 마치고 동원사단에 2차 중대장으로 보직을 옮기게 되었다. 당시 중대원은 정원 12명 중 8명만 보직되어 있었고, 대대 병사를 모두 합쳐도 40명이 채 되지 않았다. 중대장 보직 후 며칠 뒤에 사단참모가 나를 호출했다. 가보니 사단 작전처 군사시설보호업무 담당장교로 파견 명령을 낼 테니 당장 내일부터 근무하라고 했다.

군사시설보호업무 담당장교는 군사시설보호구역의 업무를 하는 직책으로, 군 주둔지나 훈련장, 진지, 탄약고 주변에 민간인이 건축이나 개발하고자 할 때 이것이 군 작전에 어떤 영향을 미치는지 검토해서 가부를 검토하는 업무다. 이때 결정되는 건축 가능 여부는 민원인에게 엄청난 재산상의 이익과 직결되는 중대한 문제다. 그러다 보니 당시 개발이 한창이던 서울 주변의 사단 군사시설보호업무 담당장교들이 상급자 및 지인의 부탁이나 뇌물을 수수하고 건축 동의를 해 주어 문제가 되는 경우도 간혹 있었다.

내가 2차 중대장으로 보직된 사단의 이전 군사시설보호업무 담당장교도 지역 내 위락시설 개발과 관련하여 구설에 오른 모양이었다. 그래서 다른 장교로 교체하려던 중 사단장님이 참모장에게 이번에 전입 신고한 나를 파견하라고 했다는 것이다. 일단 대대장에게 보고하고 지침을 받겠다고 했더니 참모장은 사단장 명령이니 바로 근무하라는데 웬 말이 많으냐고 야단을 쳤다. 그래도 직속상관의 허가를 받기 위해 보고했더니 대대장님은 알아서 하라고 하셨다. 고민했지만 아무래도 대대장 입장에서 중대장 1명이 비는 건 곤란할 듯 싶어, 결국 파견 가지 않고 중대원들과 함께하겠다고 말했다. 이후에도 참모장에게 몇 번 연락이 왔지만 못 들은 척했다.

어느 날 중대 내무반에서 중대원들과 오침을 하고 있는데 누가 발로 툭툭 차는 듯했다. 눈을 떠 보니 사단참모장이 나를 내려다보고 있었다.

"야, 고성균! 너 뭐하는 놈이야? 사단장 지시를 안 따르겠다는 거야!"

이쯤 되니 별수 없었다. 대대장실에 들러 보고하고, 중대장 보직을 뒤로한 채 사단 작전처 군사시설보호업무 담당장교로 파견 근무를 시작하게 됐다. 근무를 이어 가던 어느 가을날이었다. 작전참모님이 찾는다고 하여 2층 참모실로 올라가니 참모님과 민간인 2명이 함께 있었다. 참모실에 들어서자마자 참모님이 대뜸 호통을 쳤다.

"고 대위! 너 그렇게 안 봤는데, 돈 먹었냐?"

갑자기 무슨 말씀인지 황당했다. 멍하니 듣고 있자니 그 방에 있던 민원인이 작전성 검토와 관련하여 내 통장에 사례금을 입금했다는 것이었다. 너무 어이가 없어서 정신이 번쩍 들고 절로 큰 소리가 나왔다.

"아니, 당신이 누군데 나한테 돈을 보냈다고 모함합니까?"
"모월 모일에 당신 통장으로 2,500만 원 입금하지 않았습니까!"
"절대로 받은 적 없습니다!"

분명 듣도 보도 못한 일인데 작전참모님까지 거들며 사실대로 말하라고 나를 몰아붙였다. 안 그래도 억울한

데 내 상관이 나를 믿지 않고 오히려 민원인 편에서 나를 압박하는 게 더 서러웠다. 뇌물이라니! 감정이 점점 격양되어 거의 싸움이 날 판이 되자 참모님이 급히 나를 제지해 겨우 분위기가 진정되고 서로 침착하게 상황을 파악했다.

민원인은 모월 모일 군단 작전처 A 소령으로부터 "고대위에게 2,500만 원 정도 주면 공장 짓는 문제에 조건부로 동의할 것 같다."라는 연락을 받아 알려준 대로 입금을 했다고 한다. 당시만 해도 금융실명제가 실시되기 전이었기 때문에 다른 사람의 이름으로 통장을 만들고 금융 거래를 할 수 있어 가능한 일이었다.

그런데 더 큰 문제는 내가 검토하고 있던 조건부 동의 내용을 민원인이 알고 있다는 것이었다. 민간인이 군사보호구역 내 건축이나 개발을 하는 경우에 군사시설보호 업무 담당장교가 군 작전을 위한 각종 보완을 조건으로 동의할 수 있다. 민원인이 그 조건을 구체적으로 알고 있다는 것은 관련 도면이 유출되어야 가능한 일이었다. 그런데 내 책상 서랍에 있는 도면을 민원인이 어떻게 알 수 있었단 말인가? 심지어 이 도면 내용은 아직 작전참모님에게도 보고하지 않고 서랍에 넣고 잠가둔 상태였다.

의문이 해결되지 않은 채 다음 날이 되었다. 사단장님이 찾는다는 전속부관의 연락을 받고 사단장님을 만나러 갔더니 걱정 어린 표정으로 말씀하셨다.

"너, 돈 먹었냐? 군단장님이 호출했으니 내일 군단에 가
봐."

분명 잘못한 것이 없는데도 마음이 무거웠다. 군단장
님에게 브리핑할 내용을 준비하면서도 머리가 복잡했다.
그때, 사무실 계원의 말로 모든 실마리가 풀렸다.

"고 대위님이 얼마 전 서울 출장 가셨을 때, 군단 A 소
령이 사무실에 와서 서랍을 강제로 열게 하고 서류를
복사해 갔습니다."

당시 나와 연락할 방법이 없었던 탓에 사무실 계원이
계급에 밀려 서랍을 열어 주었던 것이다. 다음 날 군단장
보고를 위해 군단으로 향했다. 보통 군단장 보고는 사단
장이 배석하고, 작전참모가 보고하는 것이 일반적이다.
그런데 사단장은커녕 작전참모 배석도 없이 홀홀단신으
로 군단장실로 걸어 들어가자 군단장 비서실장과 전속부
관이 마치 죽으러 가는 사람을 보듯이 동정의 시선을 보
냈다. 군단장실 안에는 무섭다고 소문난 군단장님과 감
사원 역할을 하는 군단 감찰참모가 함께 있었다. 우렁찬

목소리로 "충성!" 하자마자 호통이 떨어졌다.

"야, 인마! 너 육사에서 어떻게 배웠어! 대위밖에 안 된
  놈이 벌써 돈이나 받아먹어? 형편없는 놈!"

다급하게 해명을 하겠다고 나섰지만 의심스러운 눈초
리는 여전했다. 속으로는 사람을 대체 뭐로 보는 거냐고
실컷 욕을 퍼부었지만 겉으로는 차분하게 설명을 시작했
다. 그동안의 민원 진행 과정을 조목조목 보고한 후, 나
는 돈에 대한 욕심도 없고 그렇게 교육받은 적도 없다고
항변까지 마쳤다. 그리고 마지막으로 군단 작전처 A 소
령과 관련된 내용을 조심스럽게 덧붙였다. 그러자 군단
장의 태도가 돌변하면서 감찰참모에게 즉각 A 소령을 조
사하도록 하고는, 이때까지 서 있던 나에게 자리를 권했
다. 그리고 인터폰을 눌러 당번병에게 커피까지 지시했
는데, 나중에 들어 보니 밖에서는 갑자기 인터폰 소리가
나기에 헌병이라도 부르라는 줄 알고 놀랐다고 한다.

그때부터는 대략 1시간 정도 월남전 참전기를 포함한
군단장님의 위관장교 시절 이야기와 각종 격려의 말씀을
듣다 보니 상황이 마무리되었다. 사단으로 복귀해서 결
과를 보고하니 작전참모님도 미안한 기색을 보였다.

"앞으로는 팥으로 메주를 쑨다고 해도 네 말을 믿겠다!"

비록 궁지에 몰리긴 했으나 진실이 밝혀져서 천만다행이었다.

종종 부정부패와 관련된 뉴스나 도덕성이 부족한 사람들의 위법 행위에 대한 뉴스를 접할 때가 있다. 문제가 발생하면 정확한 현상 파악을 바탕으로 법과 규정에 의해 처리하여 문제를 개선해야 할 것이다. 다만 이런 일을 다룰 때는 무엇이 진실인지 꼼꼼하게 확인하는 것이 대단히 중요하다. 포기하지 않고 파헤친다면 진실은 끝내 밝혀지고, 반드시 정의가 승리한다고 나는 지금까지도 믿고 있다.

겸손을 몰랐던
개구리의 최후

1988년 말, 나는 중대장을 마치고 모 사단의 인사장교를 하고 있었다. 당시 내 위의 인사참모가 공석이라 인사참모 직무대리를 겸하고 있었는데, 그 와중에 사단장 이취임식이 열리게 됐다. 전임 사단장님이 이임과 동시에 전역하시는 것이다. 이취임식은 보통 군 인사뿐 아니라 외부인도 초청하여 진행하게 된다.

이임 및 전역하시는 사단장님께서 행사 초청 인사 명단을 주셨는데, 살펴보니 그중에 국회의원 한 분이 계셨다. 비고란을 보니 고등학교 동창이자 제일 친한 친구분이었다. 그런데 당시 여러 가지 정치적 상황 때문에 각종 부대 행사에 정치인은 절대 초청할 수 없었다. 조심스럽게 그 내용을 사단장님께 보고드리니 섭섭하지만 어쩌겠느냐면서 수긍하셨고, 일단 국회의원인 친구분에게도 이런 상황을 전달해 드렸다.

하지만 절친한 친구의 이취임식에 함께 참여해 축하할 수 없다는 사실이 못내 아쉬우셨는지, 친구분이 사단장님에게 직접 전화를 걸어 재차 부탁한 모양이었다. 이취임식 바로 전날, 사단장님이 무슨 방법이 없겠느냐고 묻는데 나라고 무슨 뾰족한 방법이 있겠는가. 일단 국회의원의 의전 서열이 이취임식 행사 임석상관인 군단장보다 높기 때문에 자리 배치도 문제였지만, 기본적으로 부대 지침에 위배되는 사항이라 어쩔 수가 없었다.

"내일 친구가 꼭 참석하고 싶다고 한다."
"사단장님, 안 됩니다. 일단 군단에 보고도 하지 않았고 오시면 자리 배치부터 여러 가지로 문제가 있습니다."
"그러지 말고, 정말 방법이 정 없겠나?"

전역을 앞둔 사단장님이 거의 사정 아닌 사정을 하시며 방법을 찾으라니 머리가 복잡했다. 한참을 고민하다가 궁여지책으로 이런 제안을 드렸다.

"친구분이 오시되, 국회의원이라고 일절 표시하지 않고 참여하시는 건 어떻습니까? 국회의원은 군단장보다 의전 서열이 높아 상석에 앉으셔야 하지만, 다른 민간 인분들과 똑같이 와서 행사에 참여하시면 괜찮지 않겠습니까?"

평소 같으면 국회의원은 사전에 출입이 통보되어 검문 없이 위병소를 통과할 수 있다. 그런데 위병소에 들어올 때부터 다른 민간 초청 인사들과 똑같은 절차를 거치고, 행사 전 대기 장소도 VIP 대기실이 아니라 일반 초청 인사 대기실을 사용하는 등 특혜 없이 참석하는 방법을 제안한 것이다. 그 상황에서 국회의원인 친구분이 행사에 참석할 수 있는 방법은 그뿐이라고 생각했다. 다행히 친구분도 흔쾌히 제안을 받아들이셨다.

드디어 이취임식 당일, 나는 행사를 준비하느라 정신이 하나도 없었다. 오전에 이취임식 사단장 신고를 진행하고 외부 초청 인사 대기실에 가서 방문해 주셔서 감사하다는 인사를 드리고 막 나가려는데, 그때 키가 우뚝하게 크고 멋진 경찰 정복을 입은 분이 들어오셨다. 그분은 나와 마주치자 먼저 악수를 청하며 모 경찰서장이라고 인사하더니, 대기실에 있는 다른 분들에게도 1명씩 손을 내밀며 악수를 청하기 시작했다. 참 인사성이 밝은 분이긴 했는데 문제는 왼손을 바지 호주머니에 넣은 채로, 앉아 있는 사람들을 다소 고압적인 자세로 내려다보며 으스대는 느낌을 풍겼다는 점이었다. 이에 대부분의 사람들이 불쾌한 표정을 숨기지 못하며 마지못해 손을 내밀었다. 그는 대기실을 주욱 돌다가 또 어떤 초청 인사 앞에서도 유세를 떨며 손을 내밀었다.

"모 경찰서장입니다."

그러자 앉아 있던 분이 지팡이를 짚고 일어나며 손을 마주 잡더니 이렇게 말했다.

"아, 그러세요. 국회의원 김 아무개입니다."

바로 그분이 사단장님의 절친한 친구인 국회의원이었던 것이다. 경찰서장의 반응은 어땠을까? 그는 갑자기 거의 무릎을 꿇을 듯이 낮추더니 호주머니에 넣었던 왼손을 신속하게 빼서 공손히 두 손을 내밀어 90도로 인사했다. 주변에 있던 초청 인사들도 국회의원이라는 말에 놀랐지만 한편으로는 얼굴에 의미심장한 미소를 머금은 모습이 그 상황을 즐기고 있는 것 같았다. 경찰서장은 인사를 마친 뒤 무안한 듯 황급히 대기실을 나서서 행사장으로 가 버렸다.

이취임식 행사장에서도 그분은 별도의 의전을 요구하지 않고 일반 초청 인사석에서 행사를 지켜봤다. 공식 행사 종료 후 뒤풀이 장소에서 사단장님이 친구분을 소개하자, 그때까지도 국회의원 참석자가 있다는 것을 전혀 몰랐던 군단장 이하 참석자들은 모두 깜짝 놀랐다.

교만에 찬 개구리에 대한 우화가 있다. 어느 연못에 오리 두 마리와 개구리 한 마리가 살고 있었는데, 여름에 연못물이 마르자 다른 곳으로 이사가기 위한 방법을 고안했다. 오리 두 마리가 나무 막대기를 양쪽에서 물고, 그 가운데를 개구리가 물어 함께 이주하기로 한 것이다. 대신 이동하는 동안 아무도 입을 열어서는 안 된다고 약속했다. 이들이 이동하는 모습을 본 농부가 "누가 저런 생각을 했을까?" 하고 감탄했다. 그러자 개구리가 "내가 했지!"라고 대꾸했다. 자신의 공을 과시하기 위해 입을 연 개구리는 어떻게 되었을까?

우리 주변에는 마냥 자기 자신이 잘나서 잘 되었다고 착각해 작위적으로 권위를 세우려 하는 사람들이 있다. 하지만 자신을 과시하고 부풀리기보다 남을 배려하는 겸손한 태도가 궁극적으로 그 사람을 더 빛나게 한다는 사실을 알아야 한다. 국회의원이 자신의 특권을 포기하고 절친한 친구의 이취임식에 참여하여 오히려 그 자리를 더욱 빛내줄 수 있었던 것처럼 말이다.

★
★

회의에
멍드는 조직

　직장생활을 하다 보면 상사의 잔소리, 불합리한 지시, 부조리한 업무 분담 등 다양한 어려움을 겪는다. 이중에서도 최근에 바꿔야 하는 문화로 눈에 띄게 손꼽히는 것은 바로 회의 문화가 아닌가 싶다. 안건에 대해 효율적인 대화를 나누기보다 사담을 나누거나 상사의 훈시를 듣느라 시간만 잡아먹어 정작 업무를 처리할 시간이 부족하다는 사례가 적지 않다. 대체 무엇을 위한 회의인가? 회의를 많이 하는 게 정말 업무 효율을 높이는 데에 도움이 되는지 한 번쯤 돌아볼 필요가 있다.

　회의 횟수와 업무 능률이 비례하지 않는다는 사실을 짚어 주는 사례가 있다. 이전에 어느 유능한 중령이 대령 진급에서 누락된 일이 있었다. 이유는 아침의 음주운전이었다. 당시 국방부장관은 주요 직위자들과 아침 식사를 하며 현안 업무를 파악하는 조찬회의를 진행했다. 주요 직위자들의 조찬회의 자료는 실무자들이 챙겨야 하는데, 변동성이 없는 부서는 전날에 자료를 정리하면 되지만 실시간으로 상황이 변하는 부서는 조찬회의 직전까지 작업하여 가장 최신화된 결과물이 나와야 했다. 그러다 보니 이 중령도 보통 새벽 4시 30분에 출근하여 자료를 정리하곤 했다. 하루는 피치 못할 회식이 있어 소주를 조금 마시고 집에서 잠을 잔 뒤 어김없이 새벽 일찍 출근했다고 한다. 그런데 출근길에 전날 마신 소주로 음주 단속에 걸린 것이다. 물론 음주운전은 개인의 잘못이 맞지만, 그 정황을 고려하면 아까운 인재를 놓쳤다고 안타까워하는 사람들이 많았다.

어떤 문제를 해결하기 위한 수단으로 회의를 할 수 있지만, 회의가 만병통치약이 될 수는 없다. 오히려 잦은 회의가 독이 되는 경우도 있다. 내가 연대 인사과장이라는 직책에 보직이 되었을 때 유달리 사고가 많은 대대가 하나 있었다. 무단이탈 등 뭔가 일이 생겼다고 하면 어김없이 해당 대대였다. 하루는 인사과장으로서 대대의 사고 예방을 위해 무엇을 조치해야 하는지 파악하려고 저녁 8시쯤 퇴근길에 그 대대에 들러보았다. 그런데 대대장실에 불이 환히 켜져 있었다. 당번병이 청소하나 보다 생각하면서 어느 중대의 행정반에 갔는데, 중대장실에 중대장은 없고 책상 위에 싸늘하게 식은 밥과 국 등이 담긴 배식기만 덩그러니 놓여 있었다. 행정병에게 왜 치우지 않느냐고 물으니 중대장이 아직 식사를 하지 않았다고 한다. 그러면 중대장은 밥도 먹지 않고 어딜 갔느냐고 물으니 회의 중이라는 것이었다. 저녁 8시 반이 지났는데 어디에서 무슨 회의를 한다는 것인가?

알고 보니 당번병이 청소 중이었던 게 아니라 대대장, 중대장, 참모들이 모여 결산 회의를 하느라 대대장실에 불이 켜져 있었다. 그러면 행정보급관은 어디에 있느냐고 물었더니, 퇴근은 하지 않았는데 어디에 있는지는 모르겠다고 했다. 다른 중대도 상황은 마찬가지였다. 대대 여기저기를 둘러보다가 우연히 대대 보일러실 문을 열었는데, 그 안에서 행정보급관들이 모여 고스톱을 치고 있었다. 나도 놀랐지만 그들은 더 놀랐다. 도대체 여기서 뭐하는 것이냐고 질책했지만 다들 묵묵부답이었다. 화가 많이 났지만 일단 꾹 참고 대대를 마저 둘러보고 나니 회의가 끝났는지 중대장들이 중대로 복귀했다.

그중 한 중대장을 붙잡고 이야기를 들었다. 매일 오후 4시에 대대장 주관의 결산 회의가 열리는데 그게 대개 6~7시쯤에 끝이 나고 이후에는 대대 작전과장 주관으로 대대장이 지시한 사항을 어떻게 이행할 것인지에 대해서

8~9시까지 회의가 진행된다고 한다. 그러고 나서야 중대
에 복귀하는데 이런 일과가 하루 이틀이 아니다 보니 다
들 지쳐서 의욕도, 지시 사항을 처리할 시간도 없는 상황
이었다. 그래서 다음 날에는 대대장에게 혼나는 일상이
반복되며 전반적인 부대관리가 되지 않고 있었다. 그 때
문에 여태껏 소소한 사고가 이어지고 있었다. 게다가 대
대장이 온 지 벌써 1년이 다 되었는데 그동안 행정보급
관들과 제대로 된 대화를 한 번도 하지 않아 행정보급관
들의 불만도 이만저만이 아니었다. 그야말로 총체적인
난국이 아닐 수 없었다.

　이 상황을 그대로 연대장님께 보고할 수 없어서 혼자
고민하다가 대대장과 대대를 위해 나름대로 방법을 찾아
보았다. 일단 대대장에게 직접 건의할 수는 없는 노릇이
라 대대 작전과장을 만나 양해를 구했다. 작전과장이 중
간에서 대대장 주관 회의 시간을 줄일 수 있도록 노력해
주었으면 좋겠고, 또 작전과장 주관 회의라도 제발 하지
말아 달라는 내용이었다. 그리고 중대장들을 불러 소주
한잔 사 주며 부대관리 노하우 등 이런저런 이야기로 사
기를 북돋아 주었다.

　다음 문제는 대대장에 대한 불신이 엄청나게 쌓여 있
는 행정보급관들이었다. 일단 이들을 식당에 데려가 오
리백숙에 소주 한잔하며 세상 사는 이야기를 좀 하다가,

몰래 대대장 관사로 전화를 걸었다. 그리고 대대장님이 새로 온 인사과장에게 소주 한잔 사 주시면 고맙겠다고 하니 잠시 주저하다가 알았다면서 식당으로 왔다. 이때쯤엔 이미 다들 소주가 몇 잔 들어가 있는 상태여서, 나는 대대장을 슬쩍 가운데 자리에 앉혔다.

"대대장 취임 후 워낙 바쁘셔서 행정보급관들과 회식 한번 못하셨기에 제가 자리를 좀 만들어 봤습니다. 이해하시고 오늘 같이 한잔하면서 좋은 시간 되십시오."

그렇게 나는 계산만 하고 자리를 빠져나왔다. 얼마나 도움이 되었을지 모르겠으나 어쨌든 그 이후로 작전과장에 의한 회의는 거의 없어진 모양이었고 중대장과 행정보급관들의 표정도 한층 밝아 보였다. 그 뒤로 내가 있는 동안에는 다행히 별다른 사고가 발생하지 않았다.

어디선가 보니 망해가는 스타트업의 첫 번째 특징이 회의가 많아지는 것이라고 한다. 일할 시간도 없는데 회의를 자주 한다는 건 결국 생산적인 일을 하고 있지 않다는 뜻이기 때문이다. 그런데 군대 간부는 할 일이 없지 않다. 오히려 너무 많아서 문제다. 그러니까 긴 회의보다는 간부들이 현장에서 실행을 잘 할 수 있는 여건과 환경을 만들어 주는 편이 더욱 중요하다. 회의는 결국 어떤 문제를 해결하는 과정이 되어야 하는데, 오히려 회의가 또 다른 문제를 만들어서는 안 된다. 회의를 진행할 때에는 이것만 기억하자. 참석 인원은 최소로, 시간은 짧게!

★ 달갑지 않은
보고서

2007년 여름, 나는 연대장을 마치고 육군본부의 인사근무과장으로 근무하고 있었다. 인사근무과장은 병영생활제도, 복지제도, 포상 등 장병복무와 직접적으로 관련된 업무를 한다. 특히 육군 내 모든 사건 및 사고, 국군의 날 행사 등 각종 행사와 관련된 업무가 많아 빠르고 명확한 분석과 판단을 요하는 직책으로, 육군본부에서도 가장 바쁜 과장이라고 할 수 있겠다. 다른 과장들은 수시로 예하 부대나 국회, 국방부 등으로 출장을 자주 다니지만 인사근무과장은 육군본부 본청과 숙소를 거의 벗어나지 않고 24시간 비상대기 상태로 근무하게 된다.

어느 날, 인사참모부장이 나를 불러 모 부대원 대부분이 A형 간염에 걸렸으니 가서 감염 원인과 환자 관리 등 지휘관 조치 사항을 비롯해 현장 실태를 자세히 파악하여 무엇이 문제인지 참모총장에게 보고하라고 지시했다. 당시 모 부대에서 A형 간염이 집단으로 발생하여 100여 명이 넘는 부대원이 격리되고 언론에 보도되는 등 상황이 심각했다. 이에 참모총장의 지시로 감찰실에서 조사를 나가면 반드시 누군가 징계해야 하는 부담이 있다 보니 부대관리 측면으로 인사참모부에서 조사를 나가는 것이 좋겠다고 판단한 것이다. 그래서 그간 자리를 거의 비우지 않던 내가 이례적으로 하루도 아닌 1박 2일 일정으로 출장을 가게 되었다.

부대에 도착해 보니 상황은 그야말로 처절했다. 열악하기 그지없는 막사에 남아 있는 지휘관과 초췌한 장병들의 모습을 보니 절로 가슴이 먹먹해졌다. 어떻게 이런 상황이 발생했는지 원인을 점검해야 했다. 그런데 현장에서 확인한 결과는 육군본부에서 생각했던 것과 반대였다. 육군본부에서는 해당 지휘관이 평소 식수를 포함한 위생 관리를 제대로 하지 않았고, A형 간염 환자 발생 초기에 적절한 조치를 하지 않은 탓에 100여 명의 집단 환자가 발생했다고 예상하고 있었다. 그래서 그에 따른 지휘관의 책임을 묻기 위해 인사근무과장인 내가 집단 환자 발생과 관련된 부대관리에 대한 잘못을 예리하게 꼬집어 오길 원했던 것이다. 하지만 실상은 그와 반대였다.

A형 간염은 대변에 오염된 물, 음식 등으로 감염되거나 A형 간염에 걸린 사람들과의 밀접 접촉을 통해서 발병한다고 알려져 있다. 해당 부대는 상수도가 아닌 인근 하천 지하에서 암반 위로 흐르는 물인 지하수 건수를 식수로 사용하고 있었다. 그런데 그 하천 상류 지역에 축사가 계속 생기는 등 식수 사용에 문제가 있어 오래전부터 상급 부대에 수차례에 걸쳐 새로운 식수원을 위한 심정(深井) 개발을 건의하였는데 전혀 조치가 되지 않았다고 한다. 몇 명의 환자가 최초 발생했을 때도 해당 부대 지휘관과 군단병원장은 열악한 환경 속에서도 즉각적인 환자 격리 등 필요한 조치를 취했다. 특히 군단병원장은 A형 간염 관련 박사학위를 가진 내과 전문의로서 세세한 부분까지 신경쓰며 환자를 관리하고 확산 방지에 대한 지휘 조언을 하는 등 전력투구하고 있었다.

1박 2일 동안 현장에서 직접 확인한 내용을 정리해 보고서를 작성해 결재를 받으러 올렸다. 그런데 어느 조직이든 최상급자에게까지 보고되는 문서의 결재 과정은 그리 녹록하지가 않다. 더구나 좋은 일이 아니라 나쁜 일과 관련된 것은 더욱 까다롭기 마련이다. 특히나 특정 병과의 장교들은 보고서 내용에 더욱 관심이 쏠릴 것이었다. 해당 부대 지휘관은 그 병과에서 선후배들로부터 신임이 두터운 장교였는데 내 보고서 내용에 따라 장군 진급 결과가 뒤바뀔 수도 있으니 말이다. 게다가 나 역시 장군 진급 대상자였기 때문에 이래저래 보고서 결재 과정이 주목을 받을 수밖에 없었다.

총 4단계의 결재 과정 중 1차 결재권자는 무난하게 통과했다. 하지만 2차 결재권자는 보고서가 마음에 들지 않는 눈치였다. 결론 부분에 해당 부대의 조치 부실로 간염 환자가 많이 생겼다는 내용이 있어야 하는데 그런 것이 없었기 때문이다. 오히려 내가 작성한 보고서에는 심정 개발 건의 등에 대해 제대로 역할을 하지 않아 문제를 키운 상급 부대 관련 부서에게 책임을 물어야 한다는 내용이 담겨 있었다. 또 초기에 환자 몇 명이 발생했을 때 아무도 관심을 두지 않다가 집단 환자가 발생하였다는 언론 보도 후에 부대 지휘관을 희생양 삼아 모든 책임을 떠넘기는 분위기에 대해서도 지적했다. 더불어 그 와중에 꿋꿋하게 부대 사기 등 전투력 유지와 환자 관리에 최선을 다한 해당 지휘관과 군단병원장에게 오히려 표창을 주어야 한다는 결론이었다.

2차 결재권자는 보고서의 결론 부분이 잘못 작성된 것이 아니냐고 물었지만, 현장에서 확인한 내용 그대로 작성했다고 답했다. 그분은 난감한 표정으로 여러 이야기를 했지만 보고서 결론을 바꿀 수 없다고 주장했다. 만약 보고서 내용이 허위라면 내가 처벌을 받겠다고 강건하게 이야기하니 2차 결재권자는 마지못해 결재를 처리해 주었다. 다음 3차 결재권자도 2차 결재권자와 같은 생각이었다. 처음엔 의자에 몸을 눕히고 느긋하게 보고를 받던 3차 결재권자는 결론에 이르자 몸을 곧추세우고 미간을 찌푸렸다.

장군의 철학

"고 대령, 이거 뭐야? 현장 확인하라고 했더니 잘못이 없다는 거야? 이럴 거면 뭐 하러 1박 2일 출장 갔다 왔나? 문제점 확인하고 책임질 사람을 찾으라고 했더니 오히려 상을 주라고? 이렇게 해서 참모총장께 결과 보고할 건가? 이건 아니지, 다시 작성해라."

나는 또 보고서를 수정할 수 없다는 주장을 할 수밖에 없었다.

"저는 현장 확인하라는 명령을 받고 확인한 결과를 그대로 보고서에 담았습니다. 다시 작성할 수 없습니다."

3차 결재권자는 보고서 내용에 동의할 수 없으니 결재하지 않겠다고 했다. 그렇다고 해서 거짓된 보고서를 작성할 수는 없었기에, 3차 결재 칸을 비워 두고 참모총장께 보고하겠다고 말하며 사무실을 나왔다. 그런데 참모총장 결재는 2차 결재권자가 배석해야 한다. 2차 결재권자에게 상황을 전했더니 난감해하다가 함께 3차 결재권자를 설득했고, 결국 "모든 책임은 고 대령이 지는 거야."라는 말과 함께 결재를 받아 냈다. 드디어 참모총장 보고가 시작되었다. 끝까지 보고를 받은 참모총장이 고개를 갸웃했다.

"고성균, 결국 처벌 받을 사람이 아무도 없다는 거지?"
"해당 부대에는 없습니다. 그러나 심정 개발 등과 관련하여 상급 부대 책임 여부에 대해서는 다시 따져 봐야 합니다."

당당하게 답하면서도 내심 긴장했는데, 참모총장은 결재 칸에 시원하게 사인했다.

"오케이, 수고했다."

이후 해당 부대의 지휘관이었던 모 대령은 그해 장군으로 진급하여 군에 많은 이바지를 했다.

간혹 조직에서 다소 불합리한 정황이 있어도 어떻게든

책임자를 찾아 처벌하는 것으로 상황을 일단락하려는 경우가 있는데, 그러면 반드시 억울한 사람이 생기게 된다. 그런 일이 반복되면 누구도 소신 있게 책임지려고 하지 않을 것이다.

마하트마 간디는 "확신을 가지고 '아니오'라고 말하는 편이 단순히 남을 기분 좋게 해 주거나 문제를 일으키지 않으려고 '예'라고 말하는 것보다 훨씬 낫다."라는 말을 했다. 공직자는 특히나 국민의 신뢰를 얻기 위해서 뚜렷한 소신을 가지고 책임감 있게 일을 해야 한다고 생각한다. 윗사람 눈치를 보느라 자신에게 당당하지 않다면 어떻게 국민을 위해 일한다고 할 수 있겠는가? 내가 쓴 보고서를 누구도 달가워하지 않았지만, 그렇다고 없는 잘못을 만들어 냈다면 나 자신에게 결코 떳떳할 수 없었을 것이다.

난방비가 쏘아 올린
메일 한 통

몇 년 전에 군 당국이 훈련 기간 동안 육군 간부들에게 수십만 원의 식대를 청구했다는 뉴스가 나온 적이 있다. 간부들 입장에서는 의무적으로 참여하는 훈련 중 지정된 식사를 했는데 돈을 더 내야 하는 사실을 이해하기 어렵다는 입장이었고, 육군에서는 부실 급식 논란 이후 감사원 감사 결과에 따라 조치한 것이라는 입장이었다. 물론 간부가 식대를 지불하고 밥을 먹게 되어 있지만, 사실상 시간외근무수당이나 당직근무비 등 초급 간부들의 다른 여러 가지 수당을 개선하지 못한 채 열악한 상황을 개선하지 않고 감사원의 시정조치를 너무 쉽게 적용했다는 아쉬움도 남는다.

나도 감사원의 시정조치와 관련한 경험이 있다. 대대장급 지휘관들은 부대 아파트에 거주하는 경우가 많지만, 연대장급 이상의 지휘관들은 비상대기를 위해 통상 부대 내 관사나 공관에 거주하게 된다. 내가 군단 인사참모직에 있던 2004년 연말, 육군본부에서 지금까지 받지 않았던 연대장급 이상 지휘관 숙소 난방비를 징수하라는 지시 공문이 내려왔다. 갑자기 왜 그런가 했더니, 감사원 감사에서 난방비를 징수하지 않는 것은 잘못이니 시정하라는 지적을 받은 것이었다. 그런데 여기에서 징수 대상은 대장을 제외한 중장 이하 군단장부터 연대장까지의 지휘관이었다.

일단 군단 내 연대장급 이상 지휘관 숙소의 난방비를 조사해 봤다. 군단장은 월 50만 원, 사단장은 공간 형편에 따라 최저 45만 원부터 최고 90만 원이었고, 부대 아파트에 거주하지 않고 본인 의사와 무관하게 관사에 거주하는 연대장들도 대부분 평균 20만 원 정도의 난방비를 내야 했다. 결코 적은 비용이 아니었다.

난방비 징수 기준도 확인해 보니, 지휘관이 혼자 거주하면 유류비를 면제하지만 주민등록상 가족과 함께 거주하면 가족 인원수대로 나눠 유류비를 징수하고 있었다. 예를 들어 지휘관 부부와 자식 2명이 함께 거주하는데 한 달 유류비가 40만 원이라면, 면제 대상인 지휘관은 제외하고 매달 30만 원씩 내게 되는 식이다. 그리고 주민등록상 같이 있지 않더라도 가족들이 다녀가는 횟수가

15일 이상이면 난방비를 징수한다고 했다. 가족들이 며칠 다녀갔는지 CCTV를 달 것도 아니고 어떻게 확인한단 말인가? 이런 상황에서 지휘관들이 낡은 관사에서 나가 바깥에 거주하겠다고 하면 어떻게 할 것인가? 그리고 참모총장을 포함한 대장은 난방비를 내지 않는 이유부터 대통령이나 장관을 포함해 전국에 있는 다른 행정기관장들은 난방비를 내는지, 혹은 이런 공문이 하달된 것을 알고는 계시는지 의문투성이였다.

이 문제를 육군본부 해당 참모부에 말했지만 아무튼 징수하라는 대답만 돌아왔다. 그래서 내가 직접 난방비 징수와 관련된 제반 문제점과 대책에 대하여 참모총장께 메일을 보냈다. 주 내용은 지휘관은 거주하기 싫어도 낡은 관사에 강제로 거주해야 한다는 것, 관사를 오래전에 짓고 제대로 보수를 하지 않아 겨울철이 되면 난방비가 필요 이상으로 소모되고 애매한 징수 기준 등 문제가 많다는 것이었다.

나로서는 이러한 사항에 대한 확인이나 대책도 없이 갑자기 난방비를 징수한다는 것이 이해가 되지 않았다. 설령 난방비를 징수하더라도 '장기적으로 난방비를 줄일 수 있도록 지휘관 관사에 비싼 유류 대신 도시가스를 끌어들이고 도시가스를 사용하기 곤란한 전방 지역은 LPG를 사용할 수 있도록 조치하며, 당장 올겨울부터 보온재

보강을 위한 예산을 긴급·지원한다'라는 등의 대책도 반드시 병행되어야 한다고 생각해 이 내용도 함께 제시했다. 현재 문제점부터 합리적인 대책까지 고민하여 보낸 메일의 결과는 어땠을까? 다음 날, 부대에서 점심을 먹고 퇴근하여 막 관사에 들어서는데 요란한 전화벨 소리가 울렸다. 습관적으로 어느 부대에서 사고라도 났나 싶어 다급히 수화기를 들었더니, 바로 상스러운 욕설이 날아왔다.

"야, 너 뭐 하는 놈이야? 네가 뭔데 제대로 알지도 못하고 총장님께 메일을 보내고 XX이야!"

침착하게 누구신데 함부로 욕을 하시느냐고 물었더니, 소장인 육군본부 관련 부장이라고 한다. 미처 뭐라고 이야기할 틈도 없이, 앞으로 똑바로 하라고 윽박지르더니 일방적으로 전화를 끊어 버렸다. 잠시 벙쪄 있는데 또 전화가 울렸다. 이번에는 아까 그 부장 밑에서 해당 분야를 담당하는 준장 처장이었다. 이번에는 욕설은 빠져 있었지만 상당히 고압적인 자세로 비슷한 말을 반복하고 전화를 끊었다. 그리고 나서 또 얼마 후에는 유류를 담당하는 대령이 전화해서 왜 쓸데없는 메일을 총장님께 보내 일을 만드냐고 닦달하고 전화를 끊었다.

줄줄이 전화한 이들은 내가 메일을 보낸 것을 어찌 알았을까? 알고 보니 총장님이 메일을 읽어 보시고는 내용이 심각하다고 생각하여, 내 인적 사항을 삭제하는 걸 깜빡하고 부장에게 검토하도록 지시하신 것이었다. 그러자 그들은 내용 검토는 뒷전이고 나 때문에 총장에게 혼나고 일거리만 생겼다며 화풀이를 한 것이다.

그 뒤 나는 다른 부대로 갔다가 몇 개월 뒤 연대장 나가기 전에 교육을 받았는데 그 자리에 새로 취임한 참모 총장님이 리더십 교육을 하러 왔다. 교육 후에 애로 및 건의 사항을 말하는 시간이 있어 난방비 문제를 언급하려 했는데, 놀랍게도 총장님이 "내가 오늘 여러분에게 큰 선물을 하나 주겠다."라면서 먼저 입을 열었다.

"전임 총장으로부터 이러한 난방비 관련 문제를 인계받아서 살펴보았다. 아무리 감사원 감사 결과라지만 24시간 대기를 위해 본인 의지와 무관하게 부대 내 관사나 공관에 거주해야 하는 군 지휘관의 특수성을 고려하지 않을 수 없다. 그래서 난방비 징수 유예 관련 사항을 장관님께 구두로 건의하여 일단 승인을 받았으니 참고하도록 해라."

내가 메일을 보낸 일이 결국 장병들의 합당한 권리를

위한 옳은 일이었다는 안도감도 밀려 왔다. 이를 계기로 난방비 문제가 해결되어 지금까지도 지휘관의 숙소 난방비 문제는 발생하지 않은 것으로 알고 있다. 앞으로도 장병들의 기본적인 생활과 관련된 사항을 과거의 시선으로만 볼 것이 아니라, 해당 참모가 심도 있는 고민과 검토를 통해 실상을 파악하고 고민하여 문제를 해결할 수 있기를 바란다.

우리에겐
각자 몫의 책임이 있다

대대장을 맡고 있던 1997년 3월, 눈이 채 녹지 않은 봄날의 토요일 오후였다. 대대 울타리 옆의 농원 식당에서 8중대장의 약혼 축하연이 있어 참석했다가 대대로 돌아가려고 차에 올라탔다. 대대 울타리를 끼고 좌회전을 하는데 눈앞에 뭔가 움직이는 것이 보였다. 깜짝 놀라 운전병에게 서둘러 차를 세우도록 지시하고 보니 누군가 울타리를 넘어오고 있었다. 7중대 P 상병이 병 조각과 철조망을 헤치고 울타리를 막 넘고 있는 것이었다.

급히 차에서 내렸지만 이미 P 상병의 모습은 보이지 않았다. 하필 볼일이 급하던 참이라 산 쪽 길가에 쌓여 있는 은폐물 근처에서 우선 볼일을 해결했다. 그런데 그 눈 쌓인 은폐물 아래에서 P 상병이 벌떡 일어나더니 산 정상 쪽으로 뛰어올라가기 시작하는 것이 아닌가. 예상치 못한 상황에 당황했지만 운전병에게 P 상병을 쫓아가도록 하고, 나는 조금 전까지 있었던 농원 식당으로 다시 돌아갔다. P 상병이 올라간 방향으로 가면 결국 그 식당 앞으로 이어지기 때문이다. 아니나 다를까, 해당 중대 행정보급관 등의 간부들이 이미 P 상병의 신병을 확보하고 있었다.

우선 나는 대대로 돌아왔는데, 위병소 앞에 건장한 남자 2명이 서성거리고 있었다. 누구냐고 물으니 모 경찰서의 형사인데, P 상병을 체포하러 왔다는 것이었다. 일단 대대장실로 오라고 하여 상황을 들었다. 형사의 얘기인즉슨 P 상병이 외박을 나갔을 때 여고생을 대상으로 몹쓸 짓을 하여 몇 개월 동안 그 집 앞에서 잠복 근무를 했다고 한다. 그런데 통 모습이 보이지 않아 그의 형에게 가서 동생이 어디에 있느냐고 물으니 홍천에서 군 생활을 하고 있다기에 찾아왔다는 것이다.

형사들은 P 상병이 입대하기 전에 교도소를 갔다 온 전과자라서 현역으로 입대하지 않는 줄 알고 있다가 그제야 대대로 찾아와 위병소에 면회 신청했다고 말했다. P 상병은 누군가 면회를 왔다는 연락에 즐거운 마음으로 면회실로 가다가, 형사 같은 사람들이 보이니까 겁이 나서 그대로 울타리를 넘어 버렸던 것이다. 일단 형사는 돌려보내고 P 상병은 헌병대에 통보하여 데리고 가라고 했는데, 휴일이라 입창이 안 된다고 하여 결국 당직근무자들에 의해 관리 가능한 대대 지휘통제실에 있도록 했다.

그런데 다음 날인 일요일 오후에 일이 터졌다. TV 뉴스에 P 상병과 관련된 내용이 보도되어 상급 부대에서부터 난리가 난 것이다. 하지만 내가 조치할 수 있는 일은 아무것도 없었고, 다행히 뉴스에서 그 이상의 내용이 보도되지는 않았다. 다만 대대장으로서 대대에 소속된 병사의 부정적인 문제가 언론에 나온다는 건 상당히 심각한 일이었다.

지금도 그렇지만 특히나 당시에는 잘못의 경중과 관계없이 일단 군 관련 문제가 뉴스에 보도되면 해당 지휘관부터 문책했다. 즉 유죄나 무죄를 따지기보다 언론에 보도되는 것 자체로 군의 명예에 먹칠했다고 여겨 지휘책임을 물어 처벌하는 것이다.

그러다 보니 대대장으로 보직되는 것은 마냥 기뻐할 일이라기보다 그만한 책임을 져야 하는 부담스러운 일이기도 하다. 대대장 보직 기간이 2년이고 소소한 지출도 나가는 일이 많다 보니 대대장에 보직됐을 때 오죽하면 '집행유예 2년에 벌금 2,000만 원'이라는 우스갯소리를 하겠는가. 나도 대대장으로 간다고 했을 때 어느 대령분이 농담으로 "고 중령, 집행유예 3년에 벌금 3,000만 원 받았구려." 해서 웃은 적이 있었다.

대체로 이런 분위기이다 보니 나 역시 대대장으로서 이 일로 징계를 받게 될 것을 짐작하고 겸허하게 기다리며 근무하고 있었다. 아무리 기다려도 징계 지시가 없어 궁금한 마음에 사단 인사참모에게 전화해 징계위원회는 언제 개최하느냐고 물어봤다. 인사참모는 조금 기다려 보라는 애매한 말을 할 뿐 명확한 대답이 없었다. 제법 많은 날이 지나는 동안 대대 야외훈련도 진행하고 대대장으로서 평소처럼 부대를 지휘하고 있었으나, 마음 한쪽에는 여전히 P 상병 건에 대한 문제가 남아 있었다. 언제 징계가 내려올지 모르니 영 신경이 쓰이는 것이다.

하루는 사단 인사참모와 다른 일로 통화하다가 다시 징계에 관해 물었는데, 이제 신경 쓰지 말라는 대답이 돌아왔다. 의아해서 물으니 높으신 분이 나의 징계를 막았다고 했다. 자세한 사정을 들어 보니 이랬다. P 상병 사건이 뉴스에 보도되자 그것을 보고받은 군사령관이 바로 해당 대대장을 병력관리 부실로 보직해임하라고 군 인사처장에게 지시했다고 한다. 이를 군사령부 실무자가 사단 인사참모에게 전달하고, 인사참모는 사단장에게 보고했는데 사단장님이 그 이후 아무 지침을 주시지 않았다는 것이다.

그 상태로 시간이 흘렀고, 군 인사처장 입장에서는 대대장 보직해임에 대한 지시 사항 조치 결과를 보고해야 하는데 진전이 없어 답답했던 모양이다. 그래서 다시 사단장님을 채근했는데 사단장님은 왜 대대장 보직을 두고 군사령부에서 감 놔라 배 놔라 하느냐며, 사단장 소관인 대대장 인사권에 대해 개입하지 말라고 명확하게 선을 그으셨다고 한다.

군인사법을 보면 국방부 장관, 합참의장이나 참모총장, 장성급 장교 외의 장교에 대한 징계 권한은 사단장에게 있다고 명문화되어 있다. 그래서 군사령관이 대대장 보직해임을 요구하는 것은 일종의 월권 행위인 셈이다. 사단장님은 나름의 기준을 두고 어떤 형태로 대대장을 징계하거나 경고할 것인지 검토하시다가 결국은 아예 조처하지 않으셨던 것인데 나로서는 관운이었던 셈이다.

사실 이런 상황에서의 보직해임은 대대장 입장에서도 억울한 일이다. 물론 대대장이 조치를 잘못하거나 관리를 잘못해 일어난 사고는 당연히 책임을 져야 하겠지만 대대 내에서의 생활이나 훈련 중 일어난 일이 아니라 개인 외박을 나가 일으킨 일 때문에 보직해임을 당하는 것을 옳다고 볼 수 있을까? 또 대대장이 평소 외출, 외박, 휴가 시 사고를 내지 말라고 수없이 강조하는데 그들을 하나하나 감시할 수도 없고 더 이상 어떻게 하겠는가?

지금은 이런 무조건적인 보직해임이 많이 줄었지만,

내가 육군 간부의 보직을 최종 통제하는 직책을 수행했을 때 어느 군사령관은 사망 사고가 발생하면 묻지도 따지지도 않고 대대장들을 보직해임시켜 후임자를 찾느라 아주 고생했던 적이 있다. 당시 병과별 보직을 담당하는 장교들에게 그 군사령관 밑에서 보직해임된 대대장들은 인사카드에 별도로 잘 적었다가 나중에라도 본인 잘못이 없었던 것으로 밝혀지면 불이익이 없도록 하라고 당부했지만 아마 큰 효과는 없었을 것이다.

우리는 매 순간 자신의 선택에 대하여 책임을 지며 살지만, 내 잘못이 아닌데 억울하게 책임을 져야 하는 일도 마주하게 된다. 자신이 책임져야 할 일에 대해서는 분명히 책임지되, 납득할 수 있는 사유 없이 타인에게 책임을 전가하는 등 권력을 남용하는 일은 없어야 한다. 그것이 권력을 가진 사람의 의무이자 책임이다. 각자의 위치에서 본인이 해야 할 책임과 역할을 인지하고 그 몫을 합당하게 해내는 것이 각 조직을 건강하게 유지하는 길이다.

어른이라면
어른답게

군대에는 '장포대'라는 말이 있다. '장포대'는 '장군 포기 대령'을 말하는데 흔히 준장, 소장도 쩔쩔매고 중장쯤은 되어야 그의 심술을 잠재울 수 있다는 무서운 전설(?)이 떠도는 존재이기도 하다. 나의 유튜브 채널에서도 이게 사실인지 궁금해 하는 댓글들이 있었는데, 그 질문에 답하자면 '과거에는 드물게 그런 경우가 있었지만 지금은 거의 없다'라고 할 수 있을 것 같다.

장포대가 생기는 이유는 대령 정원에 비해 준장 정원이 매우 적어서, 준장으로 진급하지 못하고 탈락하는 인원이 다수 생길 수밖에 없기 때문이다. 군에서는 개개인에게 무한정 진급 기회를 주면 효율적인 인사관리에 여러 문제가 발생하기 때문에, 이를 방지하기 위해 개인별로 진급 기회를 통상 세 번 정도 부여하고 있다. 따라서 대령에서 장군으로 진급할 기회가 세 번 정도 지나면 본인의 의지와 무관하게 실질적인 진급 대상자에서 멀어지게 된다. 엄격히 말해 장포대는 극히 일부를 제외하면 장군 진급을 '포기한' 대령이 아니라, 장군 진급 적기가 '경과한' 대령이라고 봐야 한다. 장포대가 아니라 장경대라고 해야 할까?

모든 대령이 진급 적기가 지났다고 해서 소문처럼 막나가는 경향이 있느냐고 하면 그렇지 않다. 인터넷에서는 장포대라고 지칭되는 대령들이 근무 시간에 업무 대신 테니스나 골프를 치고, 봄에는 나물을 캐며 가을에는 밤이나 줍는다고 얘기가 떠도는데 이것은 적절한 통제가 이루어지지 않던 과거에나 존재하는, 매우 극소수의 사례일 뿐이다.

그럼 그 대령들은 왜 그랬을까? 진급 적기가 지난 대령들은 일반적으로 부사단장의 직위에 보직되는데, 대다수가 사단장보다 임관 선배이거나 최소한 임관 동기인 경우가 많다. 우리 사회에는 일찍 태어난 것이 마치 벼슬이라도 되는 것마냥 생각하는 사람들이 있듯, 같은 맥락에서 군에서는 일찍 임관한 것도 벼슬이라고 생각하는 대령들도 있었다. 그러다 보니 현재의 계급을 무시하고 30년도 더 된 임관 선후배 관계를 들먹이며 상급자 통제에 따르지 않았고, 또 그런 임관 선배를 차마 어쩌지 못해 방치하는 장군이 있었다. 물론 이는 대단히 잘못된 일이다.

　이처럼 지휘 체계를 흔드는 몇몇 대령의 도를 지나친 언행을 육군에서 심각하게 인식하여 2009년에 마침내 이를 예방할 수 있는 제도를 만들었다. 1년에 두 번씩 작성하는 간부 평정표(인사고과표) 작성 시 상급자가 전역이 얼마 남지 않은 대령 이하 하급자에 대해 현역 계속복무 적합 여부를 반드시 평가토록 한 것이다. 그리고 여기에서 2회 연속 부적합이 나오면 자동으로 현역복무 부적합심의위원회에 회부토록 하였다. 이 제도의 결과는 대성공이었다. 잘못하면 연금을 받지 못하게 된다는 걱정도 영향이 있었겠지만, 전반적으로 군의 분위기가 개인의 명예를 소중히 하여 끝까지 솔선수범하는 쪽으로 바뀌게 된 것이다.

　덕분에 2009년 이후로는 멋대로 행동하며 분위기를 흐리는 대령이나 중령은 거의 없어졌다. 내가 사단장일 때에도 부사단장 두 분이 나보다 임관 2년 선배들이었는데, 부사단장의 임무를 게을리하거나 사단장에게 불손하게 대한다든지 하는 경우는 전혀 없었다. 또 당시 각 연대의 부연대장들도 모두 연대장보다 임관 선배였지만 그 누구도 연대장에게 지휘 부담이 되는 행동을 하지 않고 연대장에게 부족한 것을 잘 채워 주는 훌륭한 장교들이었다.

물론 어느 조직에서든 말 안 듣는 사람들은 있기 마련이다. 내가 사단장을 마치고 제2작전사령부 참모장으로 근무했을 때, 육사 선배인 예하 모 사단의 부사단장이 임관 후배인 사단장의 지휘에 다소 부담을 주고 있다는 이야기를 우연히 들었다. 해당 사단장에게 사실 여부를 물었지만 차마 제대로 말을 하지 못하는 듯했다. 그래서 우선 사단장에게는 모르는 척하라고 한 후, 보좌관을 통해 부사단장인 대령을 사령부로 호출했다.

　사실 그 대령이 내 육사 선배라는 것은 알고 있었지만 그때까지 한 번도 만나거나 대화를 나눠본 일은 없었다. 당시 내 사무실에는 통상 결재와 회의, 토의 등 공적인 일을 하는 업무용 책상과 차를 마시거나 환담 등 비공식적인 활동을 위한 조그마한 원탁이 있었다. 그중 군대의 위계질서를 보여주는 명패가 놓인 책상에 앉아 대령을 맞이해야겠다고 판단했다.

　아니나 다를까, 그 대령은 작전사령부 참모장인 나를 단순히 육사 후배라고 여겼는지 경례도 하지 않고 들어와 "바쁜데 무슨 일로 불렀어요."라고 대뜸 물었다. 나는 아무 대답도 하지 않고 자리에서 일어나 그 대령을 빤히 쳐다보았다. 그제야 대령은 상황이 뭔가 이상하다고 느꼈는지 뒤늦게 엉거주춤 경례했다.

　우선 대령을 내 명패 앞의 의자에 앉도록 하고 현재 부사단장의 잘못된 언행이 군 위계질서에 위해를 가하고 있으며, 사단 전투력에 얼마나 큰 피해를 주고 있는지 조목조목 짚으며 사실 관계를 물었다. 내가 사단장이라면 벌써 징계위원회에 넘겼을 것이라고 하니 문제의 심각성을 느꼈는지, 그의 얼굴이 점점 굳어졌다. 그 정도에서 이야기를 마무리하며 사단에 돌아가면 사단장에게 오늘 일을 직접 보고하고 시정조치하도록 지시했다. 그리고 작전사령부 참모장으로서 앞으로도 상황을 확인하고 또다시 문제가 재발하면 즉시 규정에 의거해 징계 처리하겠다고 명확히 이야기했다. 속내는 알 수 없지만 그 대령은 깊게 반성하는 모습을 보이면서, 들어올 때와 달리 공손하게 경례를 하고 떠났다. 다음 날 해당 사단장으로부터 부사단장에게 보고받았다는 전화가 왔고, 다행히 그 이후로는 별다른 문제가 없었다.

일반적인 기업에서는 입사 선배인 과장이 자신이 선배라는 이유로 직급이 높은 후배 이사에게 함부로 한다면 바로 문제가 제기되리라 생각한다. 하지만 군은 계급이나 연령 정년 등이 있다 보니 임관 선후배 관계가 역전되는 경우가 제법 있다. 그러나 군의 근간은 위계질서인 만큼 각자가 현재 위치를 잘 파악하고 책임을 다해야 한다. 위계질서를 바탕으로 불합리한 갑질을 해서도 안 되겠지만, 질서를 유지하고 상호 존중하는 자세로 임무를 수행하는 것도 멋진 선배이자 어른의 몫이다.

★ ★ 내가 누구인지 알아?

유명한 짤 중에 참모총장이 위병소에서 "내가 육군참모총장이라고!" 하며 소리를 지르는 모습이 있다. 실제로 있었던 일이긴 하지만 그 짤이 유명해진 이유는 거의 일어날 수가 없는 일이기 때문이다. 보통 참모총장이 부대 위병소를 드나들 때는 관용차에 전속부관이 동행하기 때문에, 참모총장이 굳이 차에서 내려 육군참모총장이라며 소리 지르는 상황은 생기지 않는다.

해당 짤은 10.26 사태와 관련된 블랙코미디 영화 〈그때 그 사람들〉에 나오는 장면이다. 영화에 따르면 고 박정희 대통령 시해 현장 인근에 있었던 참모총장이 전용 승용차가 아닌 다른 차를 타고 전속부관도 없이 육군본부 정문의 위병소를 통과하려고 시도한다. 야간에 민간 차량이 위병소로 접근하니 위병 근무자는 당연히 바리케이드를 열어 주지 않았고, 참모총장이 급한 마음에 차에서 내려 소리를 지르는 상황이 발생한 것이다. 만약 이런 일이 일어난 뒤 위병 근무자들이 처벌을 받았다면 이는 대단히 잘못된 것이다. 위병 근무자 입장에서는 참모총장 전용차가 아닌 민간인 승용차에, 군복도 아닌 사복을 입고 있으니 그 사람이 참모총장인지 어떻게 알겠는가?

흔한 일은 아니지만 내가 중대장을 하던 시절, 이와 유사한 일이 대대 위병소에서 일어난 적이 있다. 고 전두환 대통령이 어느 초소에 불시에 방문하여 전화기로 "너는 왜 안 자냐?"라고 물어보는 유명한 짤이 있는데, 실제로 전두환 대통령은 재임 당시에 군 검문소나 부대를 한밤중에 불시에 방문하여 근무 상황을 확인하곤 했다. 그래서 서울 주변 검문소나 부대는 늘 긴장 상태일 수밖에 없었다.

어느 날 새벽 이른 시간, 고 전두환 대통령이 불시에 모 사단의 GOP 지역에 나타났다. 뒤늦게 상황을 보고받은 합참의장이 서울에서 급히 차를 달려 대통령이 있는 사단 GOP 지역으로 들어와 대대 위병소에 도착했다. 합참의장 전속부관이 신분을 밝혔지만, 위병 근무자는 바리케이드를 열지 않았다. 왜 그랬을까? 대대 위병 근무자는 합참의장이라는 용어 자체를 처음 들었기 때문에 신분 확인을 할 수가 없었다. 사실 합참의장은 1991년 이

전까지 군령권을 가지고 있지 않은 일종의 명예직이었기 때문에 소위 존재감이 미미했다. 어쨌든, 이때 대통령은 연대본부에 있었는데 이를 확인한 합참의장이 급히 차를 돌려 연대본부로 향했기 때문에 위병소에서 신분 확인을 할 필요는 없게 되었다. 결과적으로는 대대 위병소 근무자가 대단히 훌륭하게 근무했던 것이고, 이후 이 문제로 피해를 본 사람은 없었다.

이후에 내가 어느 부대에 전입을 하여서 그 부대의 위병소에 도착했는데 특이한 것이 눈에 띄었다. 여태껏 어느 위병소에서도 보지 못했던 국방부장관 문양이었다. 왜 이 사단에만 국방부장관 문양이 그려져 있는 것일까? 내막은 이러했다. 당시 국방부장관이 업무차 이동하며 그 일대를 지나던 중, 볼일을 보고 싶은데 마땅한 장소가 없었다고 한다. 마침 부대 표지판이 눈에 띄어서 그 부대 위병소로 향했다. 그런데 위병소에 도착해도 근무자가 경례도 하지 않고, 바리케이드를 치울 생각도 않고 멀뚱멀뚱 차를 쳐다보기만 했던 것이다. 이에 수행부관이 차에서 내려 위병 근무자에게 왜 바리케이드를 치우지 않느냐고 질책한 후 어찌어찌 위병소 화장실에서 볼일을 볼 수 있었다고 한다. 하지만 위병 근무자 입장에서는 국방부장관 문양을 알 턱이 없기에 그냥 길을 잘못 든 민간

승용차라고 생각했을 것이다.

　장관이 부대에 들렀을 때 당직사령을 찾았는데, 통 오지 않아 확인해 보니 당직사령이 부대에서 자리를 지키고 있지 않았다고 한다. 결국 장관은 그냥 돌아갔고 이 상황은 뒤늦게서야 사단장에게 보고되었다. 나중에 보니 그 당직사령이 아주 형편없는 장교였던지라, 결국 그는 장관 건과 별개로 본인의 잘못 때문에 중징계를 받게 되기도 했다. 다만 이때 사단장이 위병소에 국방부장관 문양을 그려놓도록 하여 국방부장관 문양을 알아보지 못하는 사례가 발생하지 않도록 조치했다고 하는데, 아마 그 이후로 어느 장관도 해당 사단에 간 적은 없다고 알고 있다. 시간이 지나며 몇 번의 위병소 증개축으로 지금은 그 문양도 없어지게 되었다.

　결국 이러한 사례들을 살펴보면 아랫사람인 위병 근무자들에게는 아무런 잘못이 없다. 통상적인 매뉴얼대로 행동했을 뿐이니 말이다. 그렇다면 무엇이 문제였을까? 계급이나 직책이 낮은 사람이 당연히 높은 사람을 알아봐야 한다는 생각으로 제대로 절차를 밟지 않은 상급자들이 문제라고 봐야 한다.

　이런 상황이 심화하면 소위 말하는 '갑질'이 되는 셈이다. 그런데 이쯤 되면 떠오르는 사례가 하나 있지 않은가? 바로 그 유명한 "나 ○○○입니다." 사건이다. 약 10여 년 전, 당시 모 도지사가 119에 전화를 걸면서 "나 ○○○입니다."라고 밝혔는데 전화를 받은 소방관이 별다른 반응 없이 "무슨 일이십니까?"고 되묻자 그는 용건은 말하지 않고 "내가 ○○○"라고만 거듭 강조했다. 소방관은 용건을 말하라고 재촉하다가 결국 장난 전화라고 생각하여 전화를 끊었다. 이는 그 도지사의 심각한 업무 방해였으나 그 후 해당 지역 내 모든 소방관에게 '○○○ 도지사의 목소리를 익히라'라는 어처구니없는 지시가 내려지기도 했다.

이와 마찬가지로 우리 사회에서는 온갖 갑질들이 횡행하고 있다. 아들러 심리학에서는 갑질 행위를 열등감을 비뚤어진 우월감 콤플렉스로 풀다가 터진 사례라고 보기도 한다. 정말 자부심과 긍지를 지니고 높은 자리에 위치해 있다면 굳이 그것을 증명하고 과시하려고 애쓸 필요가 없을 것이다. 높은 지위와 권력을 가지고 있는 사람이라면 오히려 남을 배려하고 공감하는 능력을 갖추어야 하지 않을까?

벼는 익을수록 고개를 숙인다고 한다. 우리가 살아가면서 내가 어떤 사람인지 알리고 싶다면, 주변 사람들과 진심으로 마음을 열고 소통하는 것부터 시작하는 것이

어떨까. '내가 바로 이런 사람이라고!'라며 고래고래 소리 지르지 않아도 진정한 자신을 알아 주는 사람들이 많아질 테니 말이다.

장군의
자부심

★★ 직행버스 기사님이 가르쳐 준 군인의 길

군대의 장성급 전용 차량에는 번호판 대신 성판이라는 것을 달 수 있다. 성판만 보더라도 일반 차량이 아니라 공무로 이동 중인 장성급 차량임을 한눈에 알아볼 수 있다. 덕분에 나의 유튜브 댓글 중에는 전역 후에도 성판을 보고 자기도 모르게 경례했다거나, 조부모님 별세로 급히 연대장님의 차량을 빌려 탔을 때 수많은 군부대 위병소에서 경례를 받았다는 이등병 시절의 에피소드를 들려주신 분들도 있었다.

내게도 장군 성판과 관련하여 인상적이었던 기억이 있다. 경상북도 동해안 일대에서 소대장을 하고 있을 때였다. 그때는 업무 관련하여 중대본부나 대대본부로 갈 수 있는 이동 수단이 많지 않았다. 특히 내가 있던 해안소초가 7번 국도와 많이 떨어져 있었기 때문에 버스를 타기도 쉽지가 않았다. 그나마 다행인 점은 일단 걸어서 7번 국도까지 가기만 하면, 당시 직행버스든 완행버스든 군인을 발견한 기사님들이 비교적 버스를 잘 태워주셨다. 특히 직행버스 기사님들은 감사하게도 차비를 받지 않으시는 경우도 많았다.

소초에서 대대본부에 갈 일이 있어 7번 국도를 따라 걷다가 직행버스가 오길래 손을 번쩍 들었더니 여지없이 기사님이 버스를 내 앞에 딱 세워 주셨다. 어디 가느냐고 묻길래 영덕까지 간다고 하니, 기사님이 얼른 타라며 손짓을 했다.

당시 버스의 엔진룸이 기사님과 출입문 사이에 있었고, 나는 그 위에 걸터앉았다. 그런데 저 멀리 반대편 차로에서 다가오는 검은 세단의 앞에 성판이 보이기 시작했다. 그것도 별이 2개! 우리 사단장님의 차인 것 같아 경례해야겠다고 생각하고 있는데, 기사님이 갑자기 버스 속도를 늦춰 서행하기 시작했다. 그러더니 왼손으로 핸들을 잡고 오른손을 힘차게 들어 올리며 사단장님 차를 향해 절도 있게 거수경례를 하시는 것이 아닌가.

"충성!"

심지어 나보다도 한 박자 빠른 경례였다. 그러고선 다시 속도를 올려 달리기 시작했다. 반갑고 놀란 마음에 어떻게 사단장님 차에 경례를 하시느냐고 여쭤봤다. 기사님은 월남전 참전 용사셨는데, 그곳 전투 현장에서 군인 정신과 전우애 등을 온몸으로 체험했기 때문에 장군님 차량을 보니 존경하는 마음에 그리하게 되었다고 자랑스럽게 말씀하셨다.

그 말을 들으니 가슴이 뭉클했다. 군인으로서 국민에게 존경받고 사랑받는다는 자부심보다 더 큰 보상이 있을까? 초급장교 시절, 군인에 대한 존경심을 보여 주신 직행버스 기사님께 부끄럽지 않도록 떳떳하고 자랑스러운 군인이 되겠다고 다짐했다.

간첩 잡는 데도
타이밍이 중요하다

1982년 9월의 어느 일요일이었다. 점심 식사 후에 축구를 하고 있는데 갑자기 소초 마당으로 초등학생 1명이 헐레벌떡 뛰어 들어왔다.

"아저씨! 저쪽에 간첩이 나타났어요!"
"저쪽 어디에?"
"송천강 있는 데요."

어떤 간첩이냐고 물었더니 초등학생이 열심히 설명을 이어갔다. 친구들과 송천강 쪽에서 놀고 있는데 모르는 아저씨가 사진기로 바다 쪽을 자꾸 찍었다고 한다. 찍지 말라고 해도 무시하고 계속 찍기에 몰래 신고하러 달려왔다는 것이다. 그 얘기를 듣자마자 망설임 없이 즉각 출동을 지시했다. "근무자 빼고 전원 현 복장에 단독군장으로 즉각 집합!" 그리고 중대장님께 거동 수상한 자의 출현 사실에 관해 상황보고를 했다.

잠깐 보충 설명을 하자면 송천강은 책임지역 남쪽 끝에 붙어 있는 조그마한 강이었는데, 하구는 낚시꾼들이 많아 항상 통제에 애를 먹곤 했다. 간첩 침투 방지와 주민 통제를 위해 해안 목책을 설치해 두고, 무단출입과 사진촬영을 통제한다는 경고 간판이 붙어 있었다.

소대원들이 집합하고 탄약 분배 후 1개 분대는 서쪽 7번 국도를 차단, 1개 분대는 동쪽 해안 백사장을 차단하도록 하고, 내가 직접 1개 분대를 지휘하여 백사장 목책 뒤 제방 둑길을 따라 달리기 시작했다. 둑길을 달리는 우리 군인들의 복장은 대부분 운동용 반바지였고, 일부는 전투복에 단독군장이었다. 축구할 때 웃통을 벗고 반바지만 입고 있다가 즉시 달려오다 보니 좀 웃긴 복장이어도 어쩔 수 없었다.

소초에서 송천강까지는 약 3km 거리였는데, 신고하러 온 초등학생이 정말 잘 뛰어 내심 놀랐다. 왕복 6km를 연이어 달렸는데도 우리보다 더 앞서서 뛰는 모습을 보니 마치 기원전 490년 아테네가 페르시아를 상대로 대승했다는 소식을 전하기 위해 달린 아테네의 전령 페이디피데스가 떠올랐다. 송천강 하구 쪽은 낚시꾼과 관광객

등이 산재해 있는 곳이기 때문에 약 50m를 남기고 멈춰 초등학생에게 간첩이 어느 사람이냐고 물었다.

"저기 있는 머리 길고 알록달록한 옷 입은 아저씨예요."

대상을 특정하고 나서 몇몇이 날카롭게 눈을 빛내며 제방 밑으로 내려가 소나무 숲에 몸을 숨기고 은밀히 접근했다. 가까운 거리를 확보한 뒤 구 병장이 M16 소총을 거수자 가슴에 정확히 들이댔다.

"꼼짝 마, 움직이면 쏜다!"

거수자는 놀란 채 얼어 버렸고, 나는 그가 들고 있던 시커먼 가방을 열도록 소대원에게 지시했다. 소대원이 가방 지퍼를 열자, 대형 카메라가 떡하니 자태를 뽐내고 있었다. 요즘에야 흔하게 볼 수 있지만 당시에 그런 고급 카메라는 매우 고가라서 누구나 가질 수 있는 물건이 아니었다. 확실히 간첩이 맞구나 싶어서 단호하게 명령을 내렸다.

"가방 압류하고 포승줄로 묶어라!"

무전으로 소초 상황실에 거수자 신병 확보를 통보한 뒤, 7번 국도와 해안 쪽을 차단하고 있던 분대들도 철수하도록 했다. 그리고 우리는 거수자를 앞세워 백사장을 따라 소초로 복귀했다. 소대원 모두 신중하게 좌우를 살피며 호송했고 거수자는 저항은커녕 별말도 없었다. 나름 긴박했던 상황이 종료되고 나니 머릿속에 슬슬 별 생각이 떠오르기 시작했다. 소초장으로서 간첩을 잡으며 완벽하게 임무를 수행했다는 영광을 누리게 된 것은 물론이고, 소대원들과 함께 단체 포상휴가를 갈 생각을 하니 소초로 돌아가는 길이 마치 꽃길 같았다. 그때 거수자의 질문이 정적을 깨고 내 귓가를 때렸다.

"아저씨, 육사 나오셨네요."

으잉? 내가 육사 나온 것을 어떻게 알았지? 역시 간첩이 틀림없었다. 침투지역을 촬영하러 오기 위해 소초장의 신상까지 완벽하게 파악했다니, 준비성이 꽤 철저하다고 생각했다. 최대한 험악한 인상과 엄한 목소리로 대꾸했다.

"내가 육사 나왔는지 아닌지 네가 어떻게 알아?"
"아저씨 손가락에 육사 반지 보고 알았어요."

역시 간첩은 하나부터 열까지 세세하게 교육을 받고 온다고 생각하고 있는데 거수자가 덧붙였다.

"사실 저 육사 가려고 작년에 시험 쳤다가 떨어져서 재수하고 있습니다."

간첩이 아니라 육사지망생이라니, 청천벽력 같은 소리였다. 당황스러웠지만 간첩 교육에서 미리 각본을 받았을지도 모르기에 아직 의심을 거둘 수는 없었다.

"어느 고등학교 나왔냐?"

긴가민가한 채 물었더니 서울 소재의 유명한 ○○상고라고 대답했다. 순간 머리를 스치고 지나가는 이름이 있었다. ○○상고 개교 이래 첫 번째 여자 선생님으로 부임한 고향 친구 홍○○였다. 그 고등학교를 나왔다면 분명학교의 유일한 여자 선생님인 홍○○을 모를 수가 없을 것이다. 거수자에게 홍○○ 선생을 아느냐고 물었더니, 모른다고 대답했다! 그럴 줄 알았지. 회심의 미소를 지으며 간첩에게 일침을 날렸다.

"너! 더 이상 말하지 말고 앞만 보고 걸어. 알았어?"

그렇게 한참을 패잔병처럼 걷던 간첩이 불현듯 입을
열더니, 소대원들과의 포상휴가를 꿈꾸고 있던 내 가슴
에 훅하고 비수를 꽂았다.

"혹시 상업 과목을 가르치는 홍 선생님 아닙니까?"

가르치는 과목까지 알다니! 아까는 모른다고 하지 않
았느냐고 다그쳤더니, 자신이 3학년 때 부임한 새로운
선생님인 데다가 자기 반에 수업을 들어오지 않아서 곧
장 기억이 나지 않았단다. 아, 그는 간첩도, 거수자도 아
니었다. 그냥 재수생이었다.

곧 소초에 도착했더니 중대장님과 연대 정보과장님이
도착해 대기하고 계셨다. 나는 다소 의기소침한 상태로
간첩이 아닌 것 같다고 자초지종을 보고했고, 연대 정보
과장님과 중대장님은 추가 확인을 위해 일단 그를 중대
본부로 데리고 갔다. 그렇게 어느 정도 상황이 종료된 이
후 야간 근무를 준비하고 있는데 중대장님이 재수생을
데려와서는 아무튼 사진촬영 금지 규정을 어기긴 했으니
간단히 혼만 내주고 보내라는 말을 남기고 돌아가셨다.

아까 급하게 출동하다가 논두렁에서 굴러 발목을 다친
병장이 있었기 때문에 그 병장을 불러 원인 제공자에게
간단한 얼차려를 주도록 했다. 잠시 후 돌아와 보니 엉뚱

한 간첩 소동이 내심 얄미웠는지 재수생이 어느새 땀 범벅이 되어 있었다. 그 정도로 마무리하고 재수생과 저녁 식사를 함께하며 이야기를 나눴다.

요즘은 현역인지 면제인지를 결정하는 병역 판정 검사를 원하는 날짜와 장소를 선택해서 받을 수 있지만, 당시에는 반드시 본적지에서 판정을 받도록 되어 있었다. 이 재수생은 본적지가 영덕군 병곡면이었는데 그 전 해에 서울에서 육사 등 대입에 실패하고 재수하다가 19세가 되어 병역 판정을 받기 위해 모처럼 고향에 내려왔다고 했다. 그러던 중 바닷가 경치가 멋있어서 사진을 찍었는데 본의 아니게 군인 아저씨들을 번거롭게 해서 죄송하다며 여러 번 사과했다. 지금 생각해 보면 그렇게까지 얼차려를 줄 필요는 없었는데…….

재수생은 중대본부에 그날 촬영한 필름을 모두 압수당했는데, 괜찮다면 내일 필름을 다시 가져와서 군인 아저씨들과 함께 사진을 찍고 싶다고 했다. 그러라고 허락하고 다음 날 다시 소초를 찾아온 재수생과 함께 사진을 찍어 추억을 남겼다. 서울에 가면 사진을 인화해서 보내주겠다는데 인화 비용이 만만치 않겠다는 생각이 들었다. 얼마가 나올지 모르니 현금을 줄 수도 없고 당시에는 온라인 송금이라는 것도 없어 난감하던 중 홍○○ 선생이 생각났다. 당시 대입 시험에 체력장이 포함되어 있었는데, 체력장은 해당 출신 고등학교에서 진행되어 재수생도 학교에 방문해야 했다. 그래서 사진 인화를 하면 체력장을 할 때 홍 선생에게 비용을 받으라고 전하고, 홍 선생에게도 아무개 학생에게 인화 비용을 좀 주라고 편지를 남겼다.

재수생을 간첩으로 오해한 일은 사진으로 추억을 남기며 엉뚱한 해프닝으로 마무리되었지만, 당시 간첩 신고를 받고 즉시 출동하지 않았다면 어떻게 되었을까? 이것저것 따져 묻고 전투복을 착용한다고 시간을 끌다가 거수자 신병 확보가 되지 않았다면 대대 전 지역에 비상이 발령되고 훨씬 더 많은 인원과 시간이 낭비되었을 수도 있다. 결과적으로 간첩이 아니었지만, 군인이나 경찰, 구급대원 등 분초를 다투는 사건의 최전선에 선 사람들은 최대한 빠르게 결단하는 것이 중요할 수밖에 없다. 아무리 사소해 보이는 선택일지라도 때로는 눈덩이처럼 커지는 문제를 사전에 예방하는 중대한 결정이 될 수 있다.

어느 초등학생의
빛나는 관찰력

재수생을 간첩으로 오인한 사건이 있고 나서 며칠 뒤, 중대장님이 거동 수상자를 신고한 초등학생의 투철한 반공정신과 철저한 신고정신을 격려하기 위해 포상하면 좋겠다는 말씀을 하셨다. 그러면서 현금 5,000원을 내릴 테니 알아서 포상을 전달하라는 임무를 주셨다. 그때는 서울 시내 버스 요금이 100원, 자장면이 500원이었던 시절이니 꽤 큰 포상금이었다.

일단 학생이 다니던 초등학교의 교장선생님께 전화를 드려 거수자를 신고한 학생에게 포상을 하고 싶다고 말씀드리니 흔쾌히 허락하셨다. 현역 군인이라면 뭐니 뭐니 해도 포상휴가가 최고겠지만 상대가 5학년 초등학생이다 보니 어떤 포상을 하면 좋을지 고민이 되었다. 현금으로 전달하면 어차피 빵이나 쫀디기, 아폴로 같은 과자로 바꾸어 금방 사라지거나 설날 세뱃돈처럼 엄마 손으로 들어가 영원히 돌아오지 않을 수도 있다. 그러니 현금보다는 무언가 쓸모 있는 물건으로 포상하는 것이 좋겠다는 생각이 들었다. 그래서 초등학교 앞의 문방구에 가서 쓸모있을 만한 학용품을 골라보기로 했다. 다행히 5,000원으로 연필, 노트, 연필깎이, 크레파스, 스케치북 등 당시 최고급이라고 할 수 있는 학용품을 잔뜩 구매할 수 있었다.

다음 날 아침, 근무 취침을 생략하고 연대로부터 소초에 파견된 지프차를 폼나게 탑승한 뒤 4km 정도 거리에 있는 초등학교로 향했다. 학용품을 손에 들고 학교에 들어서니 마침 운동장에서 조회하고 있던 학생들이 호기심 어린 눈으로 나를 바라보는 것이 느껴졌다. 사실은 나를 보는 게 아니라 지프차를 봤을 것이다. 자동차가 매우 귀하던 시절에 웅장한 지프차가 학교 운동장으로 들어왔으니 얼마나 궁금했겠는가?

아이들이 지프차를 구경하도록 두고 그 학생에게 포상품을 전달하기 위해 교장실로 향했다. 교장선생님께서 나를 반갑게 맞이해 주셨는데 정작 주인공은 보이지 않았다. 그 학생은 어디 있느냐고 물으니, 교장선생님께서는 훌륭한 학생에 대한 포상이니 교장실보다 모두가 보는 앞에서 전달하는 것이 좋겠다고 하시면서 일부러 전

교생을 운동장에 집합시켜 두었다고 말씀하셨다. 또 겸사겸사 어린이들에게 직접 반공교육도 해 주면 좋겠다는 이야기도 덧붙였다.

반공교육을 미리 준비하지 못해서 내심 당황했지만, 매우 의미 있고 영광스러운 기회라는 생각에 짧은 시간 동안 머릿속에서 교육할 내용을 빠르게 정리했다. 그리고 운동장의 조회대에 올라 신고한 학생에게 준비한 포상품을 전달하며, 초등학교 수준에 맞춘 반공교육을 짧게 실시하는 것으로 무사히 임무를 마쳤다.

며칠 뒤, 소대 책임지역 내의 중학교와 초등학교에서 각각 운동회를 한다고 소대장 앞으로 초청장이 날아왔다. 당시만 해도 지역 내에서 소대장에 대한 예우가 대단해 이런 초대를 왕왕 받았다. 기분은 좋은데 하필이면 두 학교의 운동회가 같은 날이었다. 어느 한 곳에만 참석하면 섭섭할 텐데 어쩌나 고민하다가 중대장님에게 보고를 드렸다. 그러자 중대장님이 중학교에 대신 참석할 테니, 인연이 있는 초등학교에 다녀오라고 간단하게 결론을 내려 주셨다.

초대를 받았는데 빈손으로 갈 수 없으니 다음 날 주간 근무가 없는 인원 10명과 함께 간단한 총검술 시범을 준비하고, 운동회 당일 소대원들과 함께 초등학교에 도착했다. 우리가 운동장에 들어서니 학생들은 물론이고 운동회에 놀러온 동네 분들까지도 뜨거운 박수로 환영해 주셨다. 이후 총검술 시범을 간단히 보이고, 교장선생님이 사 주신 맛있는 국밥과 막걸리까지 감사히 얻어먹은 덕분에 배도 부르고 마음도 한껏 풍족해졌다. 며칠 뒤 추석을 맞이해 초등학교에서 뜻하지 않게 위문품까지 잔뜩 보내주셨다. 떡과 수건, 잡지 등을 빼곡하게 챙겨 주셔서 다른 소대에까지 일부 나눠주었던 기억이 있다.

지금도 멋진 인생을 살고 있을 게 분명한 당시 초등학생의 훌륭한 신고정신과 주변에 대한 관찰력, 그리고 재빠른 행동력이 빛을 발한 일화였다. 친구들과 어울려 노는 와중에 낯선 사람이 나타나 사진 촬영 금지 구역에서 사진을 찍는 모습을 발견하고 수상함을 감지한 관찰력 말이다. 뉴턴은 "내가 가치 있는 것을 발견했다면, 다른 능력보다 참을성 있게 관찰한 덕분이다."라고 말하기도 했다. 우리가 천재라 부르는 사람들의 공통점은 뛰어난 관찰력이라고 한다.

군 복무를 할 때 "좌에서 우로, 우에서 좌로", "가까운 곳에서부터 먼 곳까지", "50m씩 끊어서 중첩되게" 등의 표현을 자주 들었을 것이다. 내가 맡은 경계책임구역에 빈틈이 생기지 않도록 꼼꼼하게 관찰하라는 뜻이다. 빈틈없는 관찰은 사고를 예방하고 빈틈을 메우는 중요한 능력이다. 당시 초등학생의 멋진 관찰력은 사고를 예방했을 뿐 아니라 결과적으로 나와 소대원들에게 매우 행복한 시간까지 선사해 주었으니 더욱 값지고 고맙다.

담뱃값 모르는
수상한 자의 정체

88올림픽을 앞둔 1987년부터 북한이 많은 방해 공작을 펼치다 보니 군에서는 경계강화지시가 계속 내려와 있는 상태였다. 그러던 1988년 1월의 어느 일요일, 사단 당직근무를 서고 있는데 갑자기 지휘통제실에 있는 전화기가 요란하게 울렸다.

"고 대위님! 간첩이 나타났답니다."
"뭐? 어디에?"
"광릉 버스터미널 내 가게 할머니인데, 군복을 입은 어
떤 사람이 담뱃값을 잘 몰라서 신고한답니다."

신고 장소가 버스터미널인 만큼 거수자가 버스를 타고 가버리면 곤란하다는 판단에, 당직사령님께 보고하고 바로 출동하기로 했다. 원래 부대에는 긴급한 조치에 출동

할 수 있도록 흔히 '5분 대기조'라고 하는 신속대응부대가 있는데, 당시 내가 근무했던 부대는 평시 책임지역이 없는 동원사단이라 5분 대기조를 운용하고 있지 않았다. 혼자 출동하려다가 혹시 몰라서 위병소 옆에 있는 사단 헌병대의 당직근무 간부와 함께 5분 만에 버스 터미널에 도착했다. 일단 신고하신 할머니부터 찾았다.

"할머니, 어떻게 신고하셨나요?"
"밖에 군복 입고 있는 장교가 있는데, 내가 보니까 간첩이여."
"왜 간첩이라고 생각하십니까?"
"담배를 사고 250원밖에 안 내잖어."

당시 간첩이 많이 활동하던 시절이라 여기저기에 간첩 신고 지침이 많이 붙어 있었다. 그때는 등산 다니는 사람이 많지 않아서 '새벽에 등산복 입고 산에서 내려오는 사람', '심야에 이북 방송을 몰래 듣는 사람', 그리고 '담뱃값을 제대로 모르는 사람'도 신고하게 되어 있었다. 그 군인이 사려던 담배는 당시에 꽤 고가였던 '솔'이라는 담배였는데, 한 갑에 500원이었다. 그런데 돈을 250원밖에 내지 않아 수상하다는 생각에 신고하신 것이다. 밖으로 나가 살펴보니 군복을 입고 있는 거수자는 소령이었다.

일단 내가 오른쪽으로, 이 하사가 왼쪽으로 자연스럽게 접근하며 대화를 시도했다.

"소령님, 어디 근무하고 계십니까?"
"아, 모 군단사령부에 근무합니다."

모 군단사령부는 상당히 거리가 있는 곳이었다. 어딜 가시느냐고 물어보니, 원래 다른 사단에서 근무하다가 군단사령부로 명령이 났는데, 관사가 아직 배정되지 않아 독신자 숙소에서 지내던 중 주말을 맞아 가족들을 만나러 원래 근무하던 곳의 관사로 가고 있다고 했다. 내심 간첩이 시나리오를 잘 만들어 왔다고 생각했지만 일단 실제로 그 부대에서 근무했는지, 혹은 지금 군단사령부에서 근무하고 있는 건 맞는지 확인을 해야 했다. 마침 이 소령이 전에 근무했다는 부대에 내가 아는 육사 동기생 여러 명이 근무하고 있었다. 그중에 머리가 노랗기로 유명한 동기생이 1명 있었기에 소령을 슬쩍 떠봤다.

"그 부대에 육사 38기 김 모 대위 아십니까?"
"모르겠습니다."

머리색이 특이해서 유명한 친구를 모를 리 없다고 생

각해 순간 간첩이라고 확신하며 기습적으로 오른쪽 팔을 꽉 붙잡고 이 하사에게 왼쪽 팔을 붙잡도록 해서 포박했다. 주변에서 버스를 기다리던 사람들도 심상치 않은 분위기를 느끼고 웅성거리기 시작했다. 다급한 상황이 되자 그분은 다른 김 모 대위를 안다면서 이름을 댔는데 그 이름을 듣자 뒷통수를 한 대 맞은 것 같았다. 그분이 말씀하셨던 다른 김 모 대위도 잘 아는 동기생이었기 때문이다. 특히 스케이트를 잘 타는 것으로 유명했는데, 이름 정도는 간첩이 미리 조사했을 수도 있겠다 싶은 마음에 긴가민가하며 한 번 더 물었다.

"김 대위가 뭘 잘합니까?"
"아, 빙상의 귀재입니다."

이제 내가 쭈글쭈글 쪼그라들 시간이었다.

"죄송합니다. 제가 김 모 대위 육사 동기인데 거수자 신고가 들어와서 본의 아니게 결례를 저질렀습니다……."

몇 년도에 입관하셨는지 물어보니 심지어 육사 선배였다. 완전한 헛다리였던 것이다. 그럼 대체 왜 담뱃값을 몰랐을까?

이분이 군단사령부에 발령을 받고 가족과 떨어져 지내는 동안 한 달 치의 용돈을 들고 가셨다고 한다. 그런데 한 달이 지나 용돈도 떨어지고 가족도 보고 싶어서 주말을 이용해 가족들이 있는 관사로 가는 중이었다. 목적지로 바로 가는 버스가 없어 환승을 하려고 기다리는 동안 담배가 피우고 싶은데, 담배가 다 떨어져 가게에 들어갔다. 당시 담배는 200원짜리부터 500원짜리까지 가격이 다양했다. 그래서 아무 생각 없이 담배를 고른 뒤 자신이 가지고 있던 전 재산 250원을 지불했던 것이다. 지금과 달리 당시에는 장교들이 담배 심부름을 병사들에게 시키는 것이 일반적이라, 정작 본인은 담뱃값을 잘 몰랐던 탓이었다.

얘기를 듣고 보니 더 죄송한 마음이 들었다. 당장 수중에 500원이 없어서 이런 일이 생긴 것도 안타깝고, 한 달 만에 집에 돌아가는데 빈손으로 가신다고 하니 마음이 쓰였다.

"선배님, 저도 가진 돈이 많지는 않지만…… 가실 때 아이들 과자라도 사 주십시오."

당시 새우깡이 200원 정도였다. 주머니에서 1,000원을 꺼내 드리자 그분은 여러 차례 거절하시다가 결국 받아 주셨다. 그렇게 무사히 마무리가 되었지만, 간첩으로 오인했을 때에는 제법 심각한 상황이었기 때문에 그분도 많이 놀라셨을 것이다.

생각해 보면 내가 알고 지내던 머리 노란 동기생을 그분이 당연히 알아야 한다는 것은 나의 성급한 판단이었다. 동기생끼리야 다 알고 지낸다고 해도 어떻게 다른 기수 생도들까지 세세히 파악하고 있을 수 있겠는가. 당시는 시대적 상황이나 직업적인 이유로 어쩔 수 없는 상황이기는 했지만, 단편적인 것만 보고 결론을 내려버리는 성급한 일반화의 오류는 항상 조심해야 한다. "하나를 보면 열을 안다."라는 말도 다 옛말이다.

때로는 규범 바깥에 답이 있다

예전에는 선글라스를 멋을 내기 위한 용도로 사용했던 것 같은데, 최근에는 햇빛으로부터 눈을 보호하기 위해 평소에도 선글라스를 쓰는 사람들이 많아졌다. 특히나 햇빛을 가까이서 마주봐야 하는 비행 조종사들이 짙은 선글라스를 쓰고 운항하는 모습을 영화나 드라마에서도 본 적이 있을 것이다.

실제로 선글라스는 공군 조종사들이 처음 쓰기 시작한데서 유래했다. 과거 항공 기술의 발전으로 비행 고도가 점점 높아지면서 구름에 반사되는 빛이 너무 강렬해 조종사들이 두통과 구토증을 호소하는 일이 잦아졌다. 이 때문에 1925년에 미 공군에서 존 매크레디 대령이 공군 조종사를 위해 태양의 직사광선을 차단하는 동시에 시야 확보가 가능한 선글라스 개발을 바슈롬 사에 요청했다. 그래서 바슈롬에서 1939년에 시제품을 만들어 'Ray

Banned Glasses'라는 명칭을 붙였고, 훗날 이것이 우리가 알고 있는 상표명인 'Ray-Ban'이 된 것이다.

햇빛에 노출되는 시간이 많은 직업군은 멋을 내기 위해서가 아니라 눈부심 방지와 시력 보호를 위해서 선글라스가 필요하다. 군에서는 2007년 4월부터 초병과 운전병에 한해 선글라스 착용을 허용되었는데, 사실 그 과정에도 많은 우여곡절이 있었다.

김포에서 연대장을 하고 있을 때, 오후에 연대에서 김포 쪽으로 차량을 타고 이동할 때면 차 안에 굉장히 강렬한 빛이 들어왔다. 시야 확보를 위해 운전병이 때때로 손으로 해를 가리는 게 위험할 수 있다 보니 글로브박스에 있던 내 선글라스를 꺼내 착용하라고 권한 적도 있었다. 물론 운전병은 괜찮다고 하면서 착용하지 않았는데, 진짜 괜찮았던 것인지 연대장의 선글라스를 받아서 쓰는게 부담스러웠던 것인지는 잘 모르겠다.

아무튼 운전병의 불편함을 깨닫고 당시 연대 군수과장에게 햇빛으로 인한 운전병의 애로 사항을 파악하도록 지시한 적도 있으나, 해결하지 못한 채 연대장 직책을 마치고 육군본부에 인사근무과장으로 근무하게 되었다. 참고로 인사근무과는 육군의 각종 포상 제도나 휴가 제도, 복장, 점호 제도, 사고 예방 및 사고 처리, 또 각종 행사 등 병영생활 전반에 대한 업무를 처리하는 부서다.

어느 날 전방의 모 사단장님께서 인사근무과로 전화를 걸어와 초소 근무자와 운전병들에게 선글라스를 착용할 수 있도록 하면 좋겠다는 의견을 주셨다. 해안초소 근무자들이 바다에 반사된 빛 때문에 눈이 피로하고 시야가 제한되는 문제가 때문이었다. 운전병도 마찬가지로 햇빛으로 인한 안전 사고 위험이 있는데, 사단에서 자체적으로 선글라스를 몇 개 구입해서 시험 착용을 해 보니 매우 효과가 좋았다고 한다. 당시만 해도 육군규정은 판문점 근무 장병과 해외 파견 장병에 한에서만 선글라스 착용을 허용하고 있었다. 초병이나 운전병 착용은 규정 위반으로 처벌 대상이기 때문에 육군 차원에서도 초병과 운전병이 선글라스 착용을 할 수 있도록 제도화해 달라는 말씀이었다.

나 역시 똑같은 애로 사항을 느낀 경험이 있다 보니 이 문제를 조속히 해결해야 한다는 생각이 들었다. 우선 사단장님께 육군본부에 정식으로 건의해 달라고 요청하여 얼마 뒤 공문을 받아볼 수 있었다. 다만 공문이 온다고 해도 인사근무과에서 바로 적용할 수 있는 것은 아니다. 선글라스 착용은 육군 전체 군인 복장에 영향을 미치는 부분이기 때문에 인사근무과에서 검토한 다음 정해진 절차를 거쳐 최종적으로 참모총장 결재를 받아야 했다.

그런데 내 직속상관부터 이에 대해 부정적인 반응을 보였다. 특별한 이유가 있다기보다 병사들이 선글라스를 쓴다는 것에 대한 막연한 거부감이 문제였다. 그래도 내 경험을 바탕으로 선글라스의 필요성에 대해 열심히 설득하여 일차적인 결재를 받아낼 수 있었다. 기쁨도 잠시, 그 다음에는 선글라스 보급을 위한 예산이라는 현실을 마주했다.

예산은 인사근무과 담당이 아니기 때문에 보급품을 관리하는 군수 담당 부서에 가서 해당 내용을 전달하고 협조를 구했다. 하지만 또 다시 난관에 부딪혔다. 현재 판문점 근무자와 해외 파병 부대원에게만 관련 예산이 책정되어 있어서 추가로 보급할 예산이 없다는 것이었다. 바뀌어야 하는 이유가 명백하다면 어렵더라도 환경과 기존의 규범을 바꾸는 게 맞는 일이 아닌지, 마음이 답답하기도 했다. 어떤 규범을 지키는 것도 중요하지만, 기존 틀에 얽매여 즉각적으로 필요한 변화를 받아들이지 못하는 것은 안타까운 일이다.

여기에서 포기할 수는 없었다. 근본적으로 초병과 운전병이 선글라스를 착용하면 임무 수행에 있어서 당연히 좋은 효과로 이어질 것이다. 그렇다면 현재 보급 품목에 들어가 있지 않다고 해서 착용을 금지하는 것이 오히려 잘못된 일이다. 문제는 단지 예산이었다. 그러면 앞으로 예산에 반영할 수 있도록 하더라도, 지금 당장 착용할 수 있게 하는 방법은 없을까?

우선 이를 제안했던 사단장님께 전화를 드려서 예산 문제를 설명하며 논의했다. 사단장님은 일단 착용할 수 있도록 허가만 나온다면, 선글라스는 사단 자체적으로 위문금이나 지휘관 운영비 등을 이용하여 보급하는 것으로 해결하겠다고 말했다. 당장 큰 비용이 들어가는 것이 아니니 공식적인 예산은 추후에 반영되더라도 일단 허가를 받는 것이 중요한 상황이었다. 그래서 다시 문서를 작성하여 직속상관들과 군수 분야 관련자들을 설득해 협조 서명을 받고, 마침내 참모총장 결재까지 완료할 수 있었다. 이후 예하 부대에 위병소 및 초소 근무자와 운전병은 선글라스를 착용할 수 있다는 공문을 하달했다. 이에 따라 2007년부터는 위병소 초병뿐 아니라 전방 GOP와 해안가 근무병사, 그리고 운전병도 선글라스를 낄 수 있게 되었다.

그렇게 이 문제를 해결했다고 생각했는데, 뜻밖의 구멍이 발견됐다. 그로부터 1년 후에 내가 장군으로 진급하면서 운전병이 지원되었다. 햇빛이 뜨거운 어느 날, 운전병이 눈이 부실 텐데도 선글라스를 끼지 않길래 의아한 마음으로 물었다.

"선글라스를 왜 안 끼나?"

기껏 허가를 받아놨더니, 왜 누리지 않는단 말인가? 그런데 운전병은 당황하며 멀뚱히 되물었다.

"무슨 말씀이십니까?"

선글라스에 대해 전혀 모르는 것 같기에 가만히 더듬어 보니, 2007년의 지시가 육군본부 결정 사항이라 육군 내 부대에만 적용이 된 것이었다. 내 운전병은 육군이지만 소속은 국방부였다. 그런데 육군의 상급 부대인 국방부 소속 육군에게는 해당 내용이 전달되지 않았던 것이다. 확인해 보니 국방부 정문 근무자들도 역시나 선글라스를 착용하지 않고 있었다. 그제야 국방부에도 해당 내용을 검토하게 하여 국방부 산하 부대에도 똑같이 선글라스 착용을 적용할 수 있게 되었다.

오래되고 커다란 조직 내에서 어떤 변화를 한순간에 적용하기는 쉽지 않은 일인 듯하다. 사실 군대뿐 아니라 많은 공조직에서 비슷한 종류의 답답함을 느껴보았을 것이다. 법규에 얽매여 무조건 안 된다고 하기보다 변화하는 환경을 고려해서 선제적으로 법규를 보완해야 할 때가 있다. 그런데 기존의 불합리한 일을 바꾸려고 해도 책임 소지나 현실적으로 따라오는 귀찮은 업무들 때문에 기존의 틀을 바꾸지 않고 답습하는 경우가 많다.

일함에 있어서 기존 틀에서 답이 안 나올 땐 과감하게 그 틀을 깨고 나가서 바깥에서 답을 찾아야 할 때도 있다. 물론 매번 틀을 깰 수는 없겠지만, 그런 기회가 왔을 때라도 관련 법규를 검토해 볼 수 있다. 당장 법에 저촉되거나 어마어마한 예산이 드는 게 아니라면 조금씩이라도 고쳐나가고, 창의적으로 업무를 추진하도록 보장해주려는 노력이 필요하다. 규범도 결국 사람을 위해 존재한다는 사실을 잊어선 안 된다.

내가
금연을 결심했던 이유

내가 중령 때 육군본부에서 간부들의 전반적인 인사 운영을 담당하는 인사운영통제장교라는 직책에 보직된 적이 있다. 어느 날 어떤 병과의 보직을 관리하는 모 소령이 본인이 작업한 해당 병과 장교들의 인사 이동 내용을 검토받기 위해서 찾아왔다. 책상 위에 놓인 결재문서 내용을 검토하다가 궁금한 것이 있어 책상 앞에 서 있던 모 소령을 쳐다보며 질문을 던졌다. 그런데 모 소령이 내 눈을 보는 대신에 마치 훈련소에서 조교가 질문했을 때 훈련병이 답변하는 모습처럼 본인 정면의 상방 15도를 바라보며 답변했다. 나는 내심 당황하여 물었다.

"모 소령! 나하고 대화를 하면 내 눈을 쳐다보고 말해야 하는 것 아닌가?"
"아닙니다. 저 같은 소령 나부랭이가 감히 하늘 같은 통제장교님과 어찌 눈을 마주칠 수 있겠습니까?"

부연 설명을 하자면 육군에는 보병, 포병, 병기, 병참, 군의, 군종 등 23개 병과가 있고 육군본부 인사운영을 하는 부서에는 병과별 보직을 관리하는 보직장교들이 있다. 이 보직장교들이 규정에 따라 인사이동 대상 장교들이 어느 부대로 가는 것이 적절한지를 판단하여 근무 지역이나 근무 부대를 분류하게 된다. 그리다 보니 본의 아니게 각 병과 장교들은 육군본부에 있는 본인 병과의 보직장교들을 어려워하는 경우가 많았다. 실제로 과거에는 일부 보직장교들이 유세 아닌 유세를 부려 지탄의 대상이 되기도 했다.

이러한 막강한 권한을 가진 보직장교들도 어려워하는 장교가 바로 내가 보직된 인사운영통제장교라는 직책이었다. 왜냐하면 인사운영통제장교의 주요 업무 중 하나가 각 병과 보직장교들의 부대 분류를 확인해 학연, 지연 등의 사사로움을 배제하고 공정하고 형평성 있게 이루어졌는지를 최종 판단하는 역할이기 때문이다. 그리다 보니 보직장교들은 조금이라도 흠이 잡힐까봐 전전긍긍하곤 했고, 그런 와중에 우쭐해진 일부 통제장교가 마치 무소불위의 권위라도 있는 것처럼 행동하다 보니 보직장교들이 더욱 눈치를 보는 분위기가 형성되고 말았다.

이런 상황이 옳지 않은 것과는 별개로 실상이 그렇다 보니 이를 어떻게 할지 고민하다가 방법을 하나 찾았다. 책상 앞에 내 의자와 같은 의자 하나를 비치하는 것이었다. 그때까지는 같은 중령이라고 해도 보직장교는 당연히 통제장교 앞에 서서 결재를 기다리고, 통제장교는 의자에 앉아서 결재 문서를 검토했다. 그런데 그 결재 과정이 단순히 서명만 하는 것이 아니라, 공정하고 형평성 있게 이루어졌는지 인사 대상자별로 따져봐야 하니 시간이 많이 걸릴 수밖에 없었다. 그러면 보직장교는 계속 책상 앞에 서서 기다려야 해 사뭇 벌 받는 모양새가 되는 것이다. 그러다 보니 통제장교가 질문을 해도 제대로 소통이 될 리가 없고, 보직장교들 입장에서는 뭔가 책잡힐 만한 것을 걸리지만 않으면 된다는 생각으로 업무를 하는 경향이 있었다.

이후로 내가 있는 동안에는 중령이든 소령이든 나와 똑같이 의자에 앉도록 하고, 결재 내용에 대하여 서로 토의하면서 일을 진행했다. 그것만으로도 실제로 업무 효율이 꽤나 향상되었다. 이후 보직장교들도 무엇을 숨기기보다는 검토 과정에서 문제가 있었거나 해결이 덜 된 일을 미리 드러냈고, 그 문제를 논의하며 함께 해결책을 찾아갔다.

그러던 어느 날, 내가 담배를 피우기 위해 잠시 건물 밖에 나갔다가 들어와 앉으니 두 건의 부재중 소식이 메모로 적혀 있었다. 이름을 밝히지 않은 모 소령이 전화했다가 연결되지 않았고, 또 어느 보직장교가 결재를 받으러 왔다가 내가 없어서 그냥 돌아갔다고 한다. 사무실의 군무원에게 그 말을 듣고 잠시 생각에 잠겼던 나는 담배를 끊어야겠다고 결심했다.

당시에는 휴대폰이 일반화되어 있던 시절이 아니라서 전방 부대에서 육군본부로 전화하는 것도 쉬운 일이 아니었다. 그런데 소령이 병과의 보직장교도 아닌 인사운영통제장교에게 직접 전화를 했다는 건 보직과 관련된 심각한 고민이 있기 때문이었을 것이다. 당시에는 인사운영통제장교라고 하면 육군 간부들에게 '날아가는 새도 떨어뜨릴 수 있는' 장교라는 인식이었으니 매우 어렵게 전화를 걸었을 텐데 통화가 되지 않았으니 마음이 얼마나 허무했을까? 보직장교 역시 긴장한 채로 사무실을 찾았을 텐데 내가 부재중이라 제때 일을 처리하지 못하게 되어 미안하고 안타까웠다.

업무 중 담배를 피우게 되면 사무실에서 흡연 장소까지 오가는 시간을 포함하여 대략 15~20분 정도가 소요된다. 결코 짧은 시간은 아니었다. 그래서 과감하게 담배를 끊고, 그 시간을 예하 부대에서 어렵게 찾아오는 인사 대상자와 실무자들을 위해 쓰기로 했다. 애초에 인사운영 통제장교의 임무를 생각해 보면 전 육군의 간부 인사가 원활하게 운영되도록 하는 것이 가장 중요하다. 따라서 그들의 애로 사항을 청취하고 병과 보직장교들의 상담을 듣는 데에 더 많은 시간을 투자하는 것이 공직 윤리에 맞다고 판단했다. 공적인 의무감에 금연을 시작했지만 결과적으로는 내 몸이 더 건강해지는 이득을 보았으니 지금 생각해도 참 잘한 일 중의 하나다.

제복이 존경받는 사회를 위하여

1990년 1월 초의 어느 토요일, 당직근무를 서고 있는데 일반 전화기가 울려서 받아보니 사단에 근무하는 모 대위의 전화였다. 무슨 일이냐고 물으니 현재 서울의 ○○경찰서에 있다고 했다. 갑자기 경찰서라니, 무슨 일인지 재차 사정을 물었더니 길에서 민간인들과 다툼이 있어 그 일로 조사를 받고 있다는 것이었다. 군인에 대한 조사는 경찰에서 할 수 없고 헌병에서 해야 해서, 일단 경찰에 그렇게 알리도록 하고 바로 수방사(수도방위사령부)에 근무하는 헌병 장교에게 상황을 전했다.

수방사 헌병이 해당 경찰서에 가서 모 대위의 신병을 인도받아 상황을 살펴보니 모 대위는 고교 동창인 군의관과 서울에 나가 고교 동창들을 만나 회식하고 복귀하던 중이었다고 한다. 그런데 일행 중 1명이 지나가던 행인들과 다툼이 생겨 옥신각신하게 되었고, 이에 모 대위가 끼어들어 둘을 말리려는데 누군가 이를 보고 경찰에 신고한 것이었다. 그 와중에 모 대위는 민간인이 휘두르는 팔에 맞아 안경과 손목시계가 바닥에 떨어져 깨지는 피해를 입었다. 그런데도 상대방은 경찰서에서 군인이 자신을 폭행하여 여기저기 다쳤다는 터무니없는 주장을 계속하고 있었다.

밤이 지나고 아침이 밝았다. 병사들이 아침 점호를 하며 애국가를 부르고 있는데 당직실 전화벨이 울렸다. 사단 헌병대장의 전화를 받은 당직사령님의 얼굴이 심상치 않았다. 통화를 마친 당직사령님이 대단히 심각한 표정으로 말했다.

"고 대위! 큰일 났다."
"무슨 일입니까?"
"어젯밤 있었던 모 대위 폭행 사건이 아침 6시 뉴스에 보도되었단다."

보도를 본 군사령관님이 군사령부 헌병대장에게 상황을 확인해 우리 사단의 모 대위 사건이라고 하니 역정을 내셨다고 한다. 가뜩이나 대민신뢰 제고를 위해 대민사고를 일으키지 말라고 특별히 강조했는데 이를 어겼다며 즉각 징계 처리하라고 지시했다는 것이다. 모 대위의 진술에 의하면 본인은 싸움을 말리다가 도리어 피해를 입었는데도 뉴스가 왜 그렇게 나갔는지는 알 수 없었다. 자초지종을 확인해 보니, ○○경찰서의 최초 조사 과정에서 군인이 민간인을 폭행했다는 잘못된 이야기를 기자가 듣고 관련 기사를 보도했는데, 이를 방송국에서 재빨리 뉴스에 내보낸 것이었다.

폭행한 적이 없고 오히려 분명한 피해자인 모 대위를 어떻게 해야 할지 당황스러운 일이 아닐 수 없었다. 게다가 모 대위는 아직 수방사 헌병대에서 조사를 받느라 부대나 집에 돌아오지도 않은 상황이었다. 잘못된 내용이 방송에 계속 나가고 신문 등에 보도되면 상황이 악화될 게 뻔했다. 잠시 고민하던 나는 우선 모 대위의 부인에게 연락을 취했다. 그리고 모 대위가 억울하게 징계를 받을 수도 있으니 해당 뉴스를 쓴 기자를 찾아 모 대위가 피해자라는 사실을 알리고 정정 보도를 요구하라고 전했다.

일단 상황을 지켜보고자 당직근무 교대 후 집에 와서 쉬고 있는데, 점심쯤에 모 대위의 부인이 아이를 업고 울면서 찾아왔다. 이야기를 들어 보니 부인이 버스를 타고 뉴스 담당자를 찾아가 겨우 해당 기자를 만났다고 한다. 기자에게 상황 설명을 하며 정정보도를 요청했지만 그렇게 할 이유가 없다며 대화에 응하지 않았다고 했다. 답답한 마음에 "정정보도가 되지 않으면 애기 아빠가 징계를 받고 군 생활을 더 이상 할 수 없으니 제발 도와 달라."라며 사정사정을 했는데도 소용없었다. 마지막에는 억울한 심정에 눈물까지 펑펑 흘리며 사정하다가 왜 잘못된 기사를 함부로 내보내느냐고 따졌더니 그 기자가 오히려 당당하게 대꾸했단다.

"내가 뭘 잘못했어요? 아줌마가 군인이랑 결혼한 게 잘못이지."

이쯤 되니 다리에 힘이 빠져 더 이상 말할 의욕도 잃고 말았다고 한다. 부인이 넋이 나가 있으니 오히려 다른 기자들이 다가와 해당 기자가 너무했다며 위로했다고 한다. 그 이야기를 듣는 순간, 당장이라도 쫓아가서 그 기자를 혼내고 싶었다. 치미는 분노를 겨우 억누르며 우선 모 대위의 부인을 위로해 집으로 돌려보냈다.

마음이 복잡한 와중에 친한 친구의 형이 당시 국방부 출입기자였던 기억이 떠올랐다. 밑져야 본전이다 싶은 생각에 친구에게 전화를 걸어 안타까운 상황을 전하고 형에게 부탁해 더 이상 뉴스가 나가지 않도록 도와줄 수 없겠느냐고 물었다. 그 덕분인지 몰라도 다행히 그 이후로는 해당 방송국을 포함해 TV나 중앙 일간지에 사건이 보도되지는 않았다. 그러나 여전히 군사령부에서는 계속 징계를 요구하는 상황이었다. 사단 헌병대장 쪽에서는 조사 결과 폭행한 사실은 전혀 없고, 굳이 잘못이 있다면 위수지역 이탈인데 서울 시내버스가 다니는 지역임을 고려하면 이를 빌미로 강력한 처벌은 적절치 않다는 의견을 내고 있었다.

그 와중에 나는 다른 부대로 전출을 가게 되었다. 모 대위가 어찌 되었는지 걱정되어 근무했던 사단 헌병대장에게 전화해 보니 그 사이에 헌병대장도 군단 헌병대로 보직 변경이 되었다고 했다. 당시 군단에 가서도 군사령부로부터 모 대위를 처벌하라는 압박을 받았으나 일단 검토한다며 시간을 끌다가 결국 위수지역 이탈에 대해서만 징계 조치하기로 사건이 마무리되었다고 한다.

모 대위는 엄청난 마음 고생을 하긴 했으나 다행히 군생활은 계속할 수 있었다. 지금 돌이켜 보면 그 기자는 아마 시대적 상황 때문에 군에 대한 부정적 인식을 갖고 있었던 것이 아닌가 싶다. 그러나 모 대위는 정치군인도 아니었고, 실제로 폭행을 저지르지도 않았는데 '군인과 결혼한 것이 잘못'이라는 막말까지 쏟아낸 것은 지금 생각해도 화가 나는 일이다. 언론인으로서의 역할은 물론이고 건전한 민주시민으로서의 기본도 갖추지 못했던 행동이라고 본다.

그로부터 오랜 세월이 흘렀지만 군인에 대한 인식이 아직도 그리 긍정적이지는 않은 것 같은 아쉬움이 있다. 군인이나 소방관, 경찰과 같이 제복을 입고 근무하는 사람들을 흔히 MIU(Men in Uniform)라고 한다. 이들은 누가 알아 주지 않아도 각자의 자리에서 묵묵히 임무를 수행하는 사람들이다. 국가를 위해 제복을 입은 사람들의 노고와 희생을 알아 주는 사회, 최소한 이를 등한시하지 않고 각자의 위치를 존중해 주는 사회가 되기를 진심으로 바라는 마음이다.

★★ 명예로운
이별

　1996년 7월 27일 아침, 어느 사단의 당직사령이 사단
장에게 야간 폭우로 인해 모 포병대대 탄약고와 취사장
등이 침수되는 피해가 있었다고 보고했다. 보고를 듣던
사단장은 버럭 화를 냈다.

"내가 어제 퇴근하면서 폭우 대비 잘 하라고 했잖아!"

　순간 지휘통제실에 서늘한 공기가 가라앉았지만, 당직
사령은 차분하게 계속 보고를 이어갔다.

"전방의 모 사단은 폭우로 20여 명의 인명 피해가 있었
습니다."

　잠시 후, 침묵하던 사단장이 무겁게 입을 뗐다.

"아까 침수되었다고 화를 냈던 것을 취소한다. 밤새 수
   고가 많았다."

 1996년 7월 26일 새벽부터 28일 아침까지 이어진 호
우로 26일 새벽, 철원읍 대마리 육군 5사단 최전방 지역
산사태로 장병 20명이 목숨을 잃었고 27일 새벽에는 화
천 말고개 일대의 산사태로 15사단 공병대대 장병 21명
이 사망했다. 15사단 공병대대의 사망자는 국군 철정병
원 등 4개소에 5명씩 분산 안치되었고, 병원별로 지역군
단장이 장례위원장이 되어 장례식을 준비했다.
 당시 11사단 인사참모였던 나는 군사령부로부터 철정
병원 장례위원장인 3군단장을 보좌하는 간사로 임명되
었다. 철정병원에 도착했을 때 그곳에 있던 유가족들은
상당히 격양되어 있었다. 철정병원장 이하 병원 간부들
에게 사고와 관련해서 물었는데 그들이 사고에 대해 정
확히 알지 못해 답변하지 못하자 일부러 속인다고 생각
했던 것이다. 군복을 입은 내가 다가가니 유가족들은 "우
리 애 살려 놔라, 이제 어떻게 할 거냐, 사단장 오라고 해
라." 하면서 나에게 분노를 쏟아 냈다.
 자식을 잃은 부모의 마음이 얼마나 쓰리고 아플지 그
마음을 다 헤아릴 수 없지만 나도 사람인지라 한편으로
는 '우리 사단의 일도 아닌데 왜 내가 욕을 먹어야 하나'

싶기도 했다. 하지만 일단 이 자리에 온 이상 내가 간사 임무를 책임감 있게 수행하지 않으면 아무도 이들의 마음을 달래줄 수 없었다. 전투복에 부착된 11사단 마크를 보여주면서 인간적으로 호소했다.

"저는 15사단 인사참모가 아니고 11사단 인사참모로 아직 사고 관련 내용을 잘 모릅니다. 그런데 여러분들이 자꾸 저에게 언성을 높이고 화를 내시면 제가 여기서 할 수 있는 것이 아무것도 없습니다. 앞으로 장례식이 끝날 때까지 제가 철저하게 여러분 편에서 부대와 협조할 테니 효율적인 업무 처리를 위해 감정은 최대한 자제하고 유가족 대표를 선정하여 소통 창구를 일원화하는 등 망자를 잘 모시는 데 협조해 주시면 고맙겠습니다."

다행히 유가족들도 귀 기울여 듣고 수긍해 주어 격양되었던 분위기가 전반적으로 가라앉았다. 그런데 유가족 중에 한쪽 다리가 조금 불편해 보이는 어떤 분이 유독 격렬한 분노를 감추지 못하고 계셨다. 따로 대화를 나누며 알고 보니 나보다 임관이 조금 늦은 예비역 장교였다. 모 특전여단에서 훈련 중 다리를 다쳐 대위로 의병제대 후 목회 활동을 하고 계셨다. 의병제대 과정에서 가뜩이나 군의 조치에 섭섭한 점이 많았는데, 쌓여 있던 감정이 그 순간 폭발해 버린 것이었다. 우선 위로의 말을 건넨 뒤에 오히려 이렇게 제안했다.

"군에 대해 섭섭함이 많으시겠지만, 이번 일로 명을 달리한 병사들의 유가족들은 그러한 섭섭함을 느끼지 않아야 하지 않겠습니까? 경험이 있으신 대위님께서 유가족 대표를 맡아 소통해 주시면 어떻겠습니까?"

장군의 자부심

처음에는 거절하셨지만 여러 번 설득하여 결국 그분이 유가족 대표를 맡기로 했다. 이후 유가족들의 요구로 15사단 공병대대장이 직접 철정병원에 와서 상황 설명을 하게 되었다. 병원 연병장 계단에 유가족 및 수많은 조문객들이 함께 자리하여 공병대대장의 도착을 기다리고 있었다. 산사태로 통행이 제한된 전방에서 어렵게 도착한 대대장은 즉시 연병장 한가운데 무릎을 꿇고 눈물을 흘리며 울먹이는 목소리로 죽을 죄를 지었다고 고개부터 숙였다. 그때 일부 유가족들이 계단에서 일어나 대대장에게 다가갔다. 나를 포함한 현역들은 혹시나 유가족들이 감정이 격해져 대대장에게 위해를 가하면 어쩌나 싶어 조마조마하게 그 모습을 바라보고 있었다. 하지만 유가족들은 뜻밖에 대대장의 손을 붙잡더니 그를 천천히 일으켜 세웠다.

"우리는 대대장을 야단치려는 것도 아니고 대대장이 잘
  못한 것도 없으니 무릎 꿇지 말고 어서 일어나십시오."

  그 모습에 현장에 있던 다른 유가족은 물론, 나를 포함
한 모든 사람이 울컥하며 눈시울을 붉혔다. 대대장은 사
고 당시 막사의 내외부 상황을 소상하게 이야기한 후 각
종 질문에 성심성의껏 답변하였고, 유가족들은 아무런
소동 없이 고맙다고 인사하며 대대장에게 조심해서 복귀
하라고 격려를 아끼지 않았다.

  한편 시신의 염습은 11사단 보수대의 모 원사가 혼자
서 맡아 진행했다. 혼자 진행하기엔 너무 힘든 일이라서
나와 병사들이 가끔 시신을 닦거나 수의 입히는 것을 거
들었지만, 모 원사는 시신들이 외롭지 않도록 휴식조차
그곳에서 취하겠다며 거의 밖에 나오지 않고 온 성의를
다해 모두를 감동시켰다. 나 역시도 2박 3일 동안 딱 1시
간 가수면을 취한 것 외에 24시간 내내 유가족들을 찾아
다니며 아픔을 함께하고 위로하였다. 나중에는 유가족들
이 "고 중령님은 잠도 안 자냐, 그러다 고 중령님이 쓰러
지겠다. 제발 좀 주무시라."라고 할 정도였다. 하지만 유

가족들을 최대한 잘 모시는 것이 곧 군이 고인들에 대해 할 수 있는 최고의 예우라는 생각에 그때는 힘든 줄도 몰랐다.

시간이 지나 장례식날이 되었다. 철정병원 영결식은 10시 30분으로 계획되어 있었고, 미리 3군단장이 도착하여 유가족 대표들과 인사를 나누었다. 다른 병원에서 유가족들의 불만으로 장례식이 제 시간에 진행되지 않은 일이 있어서, 군단장은 장례식 준비 간 불편한 것들은 없었는지 세심하게 물으며 유가족들을 위로했다. 유가족들은 모 원사와 고 중령이 온 정성으로 대해 주었다고 감사의 마음을 표해 도리어 내 가슴이 찡해지고 몸둘 바를 몰랐다. 그렇게 장례식이 잘 진행되었고 유해는 화장 후 국군원주병원에 임시 봉안되었다. 나의 임무는 국군원주병원까지였기에 유가족들에게 작별 인사를 건네니 다들 눈물을 글썽이며 나중에 연락하라고 전화번호를 적어 주기도 했다.

'부를 땐 국가의 아들, 다치면 느그 아들, 죽으면 누구 세요?'라는 말은 복무 중 사상 장병에 대해 우리 정부나 군의 예우가 대단히 부족함을 자조적으로 표현하는 말이다. 이런 말이 나온다는 것 자체가 군의 미흡한 대처로 얼마나 많은 이들의 마음에 상처가 남았는지 알려 주는 듯해 더욱 안타깝다. 물론 군의 마음과 달리 법이 뒤따르지 못하는 부분도 있지만, 그럴수록 사상자를 위하여 더욱 진정으로 마음을 나누고 끝까지 신성하게 예우해야 한다. 그 다음 우리가 마지막으로 할 수 있는 일은 기억하는 것이다. 그들의 명예로운 순간들을 말이다.

지뢰밭 한가운데서
어떤 사생관을 가질 것인가

★★
★

　1986년 9월 12일. 많은 시간이 지났지만 지금도 그날이 정확하게 기억난다. 당시 내가 쓴 일기를 먼저 소개해 본다.

한 마리 고추잠자리.
총을 겁내지 않고 총구에 앉아
날개를 한가로이 떨고 있는 고추잠자리.
진한 가을의 내음을 맡을 수 있다.
그 뜨거운 여름, 너무도 힘들었던 여름.
각종 좋지 않은 사건을 내 가슴속에
너무나 깊게 색인을 남긴 채 이제 여름은 갔다.

그 지옥 같던 날 밤의 일이 꿈 속에서 본 듯한 기분이다.
아비규환, 아수라장, 지옥, 그것이었다.

이제 모든 것이 순조롭게 잘 되어간다고 생각한 순간,

9월 12일 19시 45분.

평생을 잊지 못할 시간이다.

M16A1 대인지뢰 한 발은

나의 가슴속 깊이 너무나 큰 상처를 내었다.

그것이 너희들의 마지막 모습이 될 줄이야 몰랐구나.

할 말이 많아 눈을 제대로 감지도 못하고 명을 달리한

너희들의 두 눈을 나는 똑바로 쳐다볼 수가 없었다.

그래서 그 눈을 내 스스로 감겨 주었는지도 모른다.

우리는, 아니 나는 더욱 너희들의 그 희생에 답하기 위해

열심히 해야 하겠다.

아무쪼록 평안한 영생을 갖길 바란다.

간혹 뉴스에도 보도되듯이 군에서 뜻하지 않은 사고가
발생할 때가 있다. 내가 중대장 시절 겪은 지뢰 폭발 사
건은 지금도 잊지 못할 가슴 아픈 기억이다.

그날 초저녁, 비무장지대에 야간 매복조가 투입되고
40분쯤 지났을 무렵 대대 작전과장님의 전화가 걸려왔
다. 방책선 전방 얼마 안 되는 지점에서 폭발음이 들렸다
는 것이다. 아무래도 적이 침투하다가 지뢰를 밟은 것 같

다는 말에 고개를 갸웃했다. 적의 전술을 감안했을 때 이 시간에 간첩이 나타난다는 것이 이상했다. 일단은 출동 대기를 하고 있었는데 얼마 후 다시 전화가 왔다. 적이 아니라 아군 매복 투입조에 사고가 난 것 같다고 했다. 해당 중대장이 사고 현장으로 이미 출동했고, 우리 6중대도 우선 대기하고 있으라는 지시였다.

병력들을 차에 태우고 얼마 후, 사고 현장으로 출동하라는 지시를 받고 현장에 도착했다. 주변이 온통 아수라장이었다. 이미 여러 대의 지프차가 도착해 있고 연대장, 사단장님의 모습도 보였다. 어떻게 된 일인지 급히 살펴보니 매복조로 들어간 10명 중 1명이 아마 유실된 지뢰를 밟은 듯했다. 그게 폭발하여 6명이 현장에서 사망했고, 2명은 중상, 2명은 경상을 입었다고 한다. 우선 부상자 4명은 병원으로 후송했고, 피해를 입은 사망자 6구를 비무장지대에서 방책선 후방으로 옮기는 작전이 시작됐다. 이때 일대가 지뢰밭이다 보니 소수 인원이 들어가 시신을 한 구씩 옮겨와야 했다.

대대장님과 그 운전병, 연대 인사과장님이 마지막 시신을 옮기던 도중, 운전병이 또 발목 지뢰를 밟고 말았다. 다급하게 시신을 내려놓고 다친 운전병을 먼저 데리고 나와서 병원으로 후송시켰다. 주변의 공기가 더욱 심각하게 가라앉았다. 비무장지대 안에는 시신 1구가 아직 남겨져 있는 상황이다. 시신을 마저 후송해 와야 하는데, 우리가 매설한 지뢰 지대임을 알고 있는 상황에서 이번에는 누가 저 안에 들어가 시신을 후송해 나올 것인가?

매복조원들의 중대장이 들어가겠다고 했으나 부하를 잃은 슬픔에 혹여라도 흥분하여 또 다른 사고가 날까 봐 다들 만류하고 있었다. 그때 어둠 속에서 짧은 순간 연대장님과 내 눈이 마주쳤다. 연대장님이 어떤 지시를 하시지는 않았지만, 나는 차분하게 입을 열었다.

"연대장님! 제가 갔다 오겠습니다."

연대장님은 아무 대답 없이 고개만 끄덕이셨다. 지뢰밭에 발을 들이려는 순간에 육사 교정에 있는 호국비에 적힌 글귀가 떠올랐다. '내 생명 조국을 위해!' 그렇다. 조국을 위해 생명을 바친다는 생각으로 내가 지금 이 자리에 있는 것이다. 지금 누군가는 이 지뢰밭에 들어가야 했고, 그 사람이 나였을 뿐이다. 설령 무슨 일이 생긴다 하더라도 이것이 '내 생명 조국을 위해'라는 사생관(死生觀)에 맞는 행동이라고 생각하니 확신과 용기가 생겼다.

달빛 속에서 방책선에 있는 조그만 통문을 열어 비무장지대에 들어섰다. 북쪽에서 남쪽으로 흐르는 냇물을 따라 쭉 북쪽으로 걸어 올라가다 보니 사전에 들은 대로 갈대숲이 쫙 펼쳐져 있었다. 그 가운데에 시신을 후송하느라 일부 길이 나 있는 곳이 있었다. 그 길로 걸어 올라가니 갈대밭 언덕 위에 이 상병의 시신이 보였다. 혼자서 시신을 어깨에 둘러메고 다시 냇물로 들어섰다. 휘영청 밝은 달빛 속을 고요히 걷다 보니 저 멀리 철책선 너머로 기다리고 있는 사람들이 보였다. 방책선이 약 10m 거리로 가까워졌을 즈음 내 중대원 2명이 물속으로 들어와 시신을 인계받아 주었다. 사실 냇물 바닥도 우리가 매설한 지뢰나 북에서 흘러들어 온 지뢰가 얼마든지 떠다닐 수 있는 지대이기 때문에 거리낌 없이 들어와 도와준 부하들이 대단했고 지금까지도 고마운 마음이 크다.

이어서 중대원들 뒤를 따라 방책선 밖으로 나가면 되는데, 무슨 이유에서인지 다시 폭발 현장에 돌아가 봐야 한다는 생각이 들었다. 그래서 나도 모르게 뒤를 돌아 다시 냇물을 거슬러 북쪽으로 걷기 시작했다. 그때 왜 그런 생각이 들었는지 그 이유는 지금까지도 미스터리다. 나중에 들으니 누군가 메가폰을 잡고 "북으로 가면 안 돼! 돌아와라!"라고 소리쳤다고 하는데, 당시에는 그런 소리를 얼핏 들은 것 같기도 하고 아닌 것 같기도 하고, 아무튼 기억이 잘 나지 않는다.

시신을 후송했던 그 지점에 다시 올라섰을 때, 저기 10m쯤 떨어져 있는 오리나무 아래에서 무슨 플래시 불빛이 올라오고 있었다. 그곳으로 가야 한다는 생각이 들어 무작정 걷기 시작했다. 갈대숲을 헤치고 가다 보니 아까 지뢰 폭발 추정 지점은 갈대가 하나도 없이 밀가루처럼 보드라운 흙으로 덮여 있었다. 마침내 오리나무 아래에 도착했더니 그곳에 오 하사가 눈을 뜬 채로 누워 있었다. 나는 오 하사가 부상을 입어 누워 있었다고 생각하여 몇 번이나 몸을 흔들며 목이 터져라 이름을 불렀다. 하지만 아무런 반응이 없었다. 오 하사 또한 명을 달리한 것이었다.

나는 다시 오 하사를 둘러업고 방책선을 향해 걸어가기 시작했다. 다시 들어선 냇물은 더욱 차갑게 느껴졌고, 방책선 너머에서 여전히 많은 사람들이 기다리고 있었다. 분명 처음에는 10명의 매복조가 들어갔고, 그중 6구의 시신을 후송했으며 중상자 2명, 경상자 2명도 병원으로 후송했는데 내가 또 누군가를 둘러업고 나오고 있었으니 아마 그들도 매우 혼란스러웠을 것이다. 나중에 확인한 바로는 너무 혼란스러운 상황이다 보니 인원 확인이 잘못되었던 것이었다. 그날 상황은 그렇게 종료되었고, 부대로 복귀했으나 누구도 쉽게 잠들지 못하는 밤이었을 것이다.

다음 날, 사고가 났을 때 두고 온 각종 군장류 물품을 회수하기 위해서 연대장님을 비롯한 여러 인원, 그리고 우리 중대의 소대장이 같이 현장을 다녀왔다. 나는 G.P 작전 때문에 하루 종일 돌아다니다가 나와서 중대장실에서 잠시 쉬고 있었는데 연대장님이 복귀하는 길에 내 방에 들러 단단한 두 팔로 나를 끌어안았다.

"고성균, 너 목숨 참 길다. 수고했다."

연대장님은 그 말만 짧게 건넨 뒤, 부대로 복귀하셨다. 무슨 일인가 싶었는데 얼마 뒤 현장에 다녀온 소대장이 이런 이야기를 했다.

"폭발 지점에 들어가니 보드라운 흙 위에 중대장님의 큼직한 전투화 자국이 선명하게 남아 있었습니다. 그런데 거기로부터 5cm 정도 떨어진 지점에 M16A1 대인지뢰 압력뿔이 솟아 있어서, 모두 깜짝 놀랐습니다. 만약 중대장님이 밟았으면……."

내가 조금만 옆을 밟았으면 또 다른 사고가 날 뻔했던 것이다. 실제로 비무장지대에 매복을 들어갈 때는 전날 그 지역 일대를 수색 정찰한다. 그럼에도 불구하고 어제 밟은 곳을 그대로 밟을 수는 없다 보니, 한 발자국만 잘못 내디뎌도 사고가 발생할 수 있었다. 이후로 조국의 산하를 지키기 위해 작전에 투입되었다 명을 달리한 전우들은 국립대전현충원에 안장되었다.

　참고로 비무장지대는 남북 합쳐 대략 200만 발 정도의 지뢰가 매설되어 있는 것으로 추정된다. 6.25 전쟁 과정에서 양 진영이 매설한 것도 있고, 전쟁 이후 잦은 무장공비 침투 등에 대비해 우리 측이 추가로 매설한 지뢰도 있다. 지뢰는 비무장지대를 통한 북한군의 남침을 억제하기 위한 필요악인 셈이다. 이때 지도에 매설 위치를 표기하지만 시간이 지나면서 폭우, 홍수 등에 의해 유실되는 지뢰가 제법 있다. 그래서 비무장지대는 항상 위험한 곳이며, 이곳에서 작전을 진행할 때는 특별히 신중해야 한다. 다시 한번 삼가 고인들의 명복을 빌며, 이 순간에도 몸과 마음을 헌신하는 희생정신으로 조국을 지키기 위해 수고를 아끼지 않는 현역 장병들에게 안전의 기원과 감사의 마음을 전한다.

★
★

전역한 장군이 할 수 있는 일이란

내가 "행복!"이라고 경례하는 이유

내가 군 생활을 하면서도 항상 안타깝게 생각하던 점이 있다. 왜 군대를 갔다 온 사람들은 군대의 부정적인 점 위주로 기억하는 것일까. 물론 군에서 장병들과 제대로 소통하지 않은 결과이기도 하겠지만, 한편으로는 군대를 무조건 부정적으로만 바라보는 것도 편향된 시각이라고 본다. 전쟁이 나면 우리를 지키는 조직이 바로 군대다. 대한민국에 군인의 가족이 아닌 가정이 없다. 군의 잘못을 말하는 것은 좋지만 희화화하거나 맥락 없이 비난하는 것이 무엇을 위한 일인지 생각해 봐야 한다.

현 안보 상황에서 누군가는 나라를 지켜야 하기에 많은 국민이 징집되어 군대를 조직하고 있다. 억지로 왔다고 해서 군 복무기간이 그저 부정적인 암흑기라고 말하기에는 18개월(육군 병 기준)은 결코 짧지 않다. 어쨌든 살면서 거쳐야 하는 과정이라면 그 기간을 인생에 가치 있는 시간으로 남기는 게 좋지 않을까? 군대 역시 사회의 축소판이기에 다양한 사람을 접하고 관계를 맺게 된다. 어찌 보면 사회에서 건강하게 어우러지는 어른이 되는 예행연습을 하는 곳이라고도 볼 수 있다. 개인을 위해서도 군대가 무의미하고 부정적인 공간으로만 여겨지지 않기를 바라는 마음이다.

유튜브에서 모든 영상을 시작할 때 나는 "행복!"이라고 경례부터 한다. 유튜브를 통해서 전하고 싶은 메시지가 궁극적으로 귀결되는 지점은 결국 '행복'이기 때문이다. 우리는 모두 행복해지기를 원한다. 나는 군 생활 내내 '사고는 긍정적으로, 행동은 적극적으로'라는 가치관을 가지고 살았다. 긍정적인 관점으로 부족한 부분을 채우고, 타인을 배려하려는 행동이 나를 성장시켰을 뿐 아니라 곁에 있는 사람들에게도 좋은 영향을 미쳤다고 생각한다. 지금의 나를 만든 행복의 마인드와 에너지를 영상을 보는 시청자들에게도 전달해 주고 싶었다. 군대에 대한 막연한 불안이나 근거 없는 비난도 나의 행복 바이러스로 인해 조금이나마 지워지기를 바란다.

사회에서 찾은 또 다른 역할

교육사령부 교훈부장을 마지막으로 후회 없이 군 생활을 마쳤지만 장군으로 전역해도 새로운 직업을 갖기는 쉽지 않다. 무엇을 할까 고민하던 중에 운 좋게 숙명여대의 안보학 교수로 강의를 맡게 되었다. 어떻게 보면 군을 제외하고 처음 해 보는 사회생활인 만큼 나에게도 새로운 도전이자 소중한 기회였다.

처음에는 수강생이 10여 명 정도였는데, 매 학기 수강인원이 폭발적으로 늘어나며 마지막 학기에는 과목당 230여 명이 강의를 들었다. 대부분 군대와 큰 관계가 없는 학생들일 텐데 왜 이 강의를 들으려고 치열하게 수강신청을 하는지 나도 궁금했다. 답을 찾아보자면 학생들 역시 인성 교육에 목말라 있었던 것 같다. 학생들은 농담 반 진담 반으로, 절반은 학업을 위해 오지만 절반은 인성교육을 받으러 온다고 말하기도 했다.

학생들을 직접 만나며 요즘 젊은이들은 예의가 없다거나 세상을 모른다는 비난을 쉽게 받는다는 점이 안타까웠다. 그들의 상황을 들여다보면 학창시절이나 가정에서 좋은 어른으로부터 좋은 가르침을 받을 기회가 많지 않았다. 제대로 교육하지도 않고 이들과 진심으로 소통하려는 의지도 없는 어른들의 잘못이 크다고 생각했다. 이를 계기로 우리 사회의 통합을 위해서는 질 높은 소통이 필요하다는 것을 뼈저리게 느꼈다.

한편으로 강의를 진행하다 보니 임진왜란, 병자호란, 6.25 전쟁 등 우리 역사에 대해 왜곡된 정보를 알고 있는 학생들이 많았다. 우리 역사에 대해 스스로 자료를 찾고 관련 리포트를 작성하도록 해 제대로 된 역사 인식을 교육하려 노력했다. 또 강의 과정에서 학생들이 군대를 이해하고 장군이라는 계급에도 관심을 갖는 모습을 보면서 더 많은 국민에게 군을 제대로 알릴 필요가 있다는 생각이 들었다.

군대와 간부, 특히 장군에 대해 솔직한 이야기를 전하면서 군을 올바르게 인식할 수 있도록 기여하고 싶다는 마음에 본격적으로 유튜브를 시작했다. 그것이 평생을 국민의 세금으로 생활한 사람으로서, 평생 몸담았던 군과 국가를 위해 할 수 있는 일이 아닐까 싶었다. 나의 유튜브 영상을 통해서 더 많은 이들이 대한민국 안보의 최일선에 있는 군대를 사랑하고 격려해 준다면 더할 나위 없을 것이다. 또, 군대도 사람 사는 곳이기 때문에 나의 군 에피소드가 사회생활을 하는 사람들에게도 줄 수 있는 메시지가 있으리라고 생각했다.

결국 사람을 위한, 사람 사는 이야기

만약 군인이 되지 않았다면 내 삶은 어떻게 달라졌을까. 초등학교 6학년 때 가족들과 함께 강릉의 어느 보육원에 갔던 기억이 난다. 그날 이후로 나의 꿈은 돈을 많이 벌어서 다른 사람들을 도울 수 있는 사회 사업가였다. 군인이 되지 않았으면 아마 경영학을 공부하여 경제적인 수익을 벌어들이고 다시 사회에 환원하는 일을 하지 않았을까 싶다.

하지만 군인의 삶도, 유튜브로 사람들과 소통하는 지금도 내가 원했던 삶의 모습에서 크게 벗어나지 않은 것 같다. 유튜브 구독자 중에서는 자신이 삶의 끝자락에 있을 때 내 영상을 접하며 새로운 삶을 시작했다는 이야기를 들려주는 분들도 있었다. 군 이야기를 주로 다루고 있지만 군 경험이 없는 분들도 공감하고 힘을 얻는 이유는 결국 사람 사는 이야기, 함께하는 이야기이기 때문일 것이다. 대단한 권력과 지위의 사람이라고 한들, 듣는 사람의 마음에 와닿지 않는 메시지는 그저 공허한 메아리일 뿐이다.

누군가를 책임지는 위치에 있어 봤기 때문에 리더십에는 반드시 공감이 전제되어야 한다는 사실을 절실히 느꼈다. 군 생활 동안 수많은 사람을 만나 봤지만 모두 생각도, 인생의 목적도 달랐다. 다양한 사람들과 함께하는 데 있어서 서로를 공감할 수 없다면 제대로 된 리더십이 발휘될 수 없을 뿐 아니라 개개인이 온전히 존중받기도 어려울 것이다. 군에서 내가 책임지는 부대나 부서에서 만큼은 서로 공감하고 신뢰할 수 있도록 신경 썼던 것처럼, 이제 사회에서도 사람들과 진심으로 마음을 나누고 그들의 힘이 되어 주고 싶은 바람이다.

나는 지난 38년 동안 대한민국을 지키는 최일선에서 군인으로 임무를 수행한 것이 대단히 자랑스럽다. 군복을 벗은 지금도 나는 여전히 조국을 위해 또 다른 역할을 수행하고 있는 명예로운 군인이라고 생각한다. 어느 유명한 드라마 대사 중 "애국심은 왜 군인만 가져야 합니까?"라는 대사가 있었다. 군인만이 나라를 사랑하고 지키는 것은 아니다. 각자의 자리에서 주변을 행복하게 하고 또 스스로 행복해지려는 노력을 다하는 모두가 명예롭고 자랑스러운 대한민국 국민이라는 말을 꼭 전하고 싶다.